Matthias Pöhm

Frauen kontern besser

Matthias Pöhm

Frauen kontern besser

So werden Sie richtig schlagfertig

mvg Verlag

Bibliografische Information der Deutschen Bibliothek
Die Deutsche Bibliothek verzeichnet diese Publikation in der Deutschen Nationalbibliografie; detaillierte bibliografische Daten sind im Internet über http://dnb.ddb.de abrufbar.

Copyright © 2006 bei mvgVerlag, Redline GmbH, Heidelberg. Ein Unternehmen von Süddeutscher Verlag | Mediengruppe

Alle Rechte, insbesondere das Recht der Vervielfältigung und Verbreitung sowie der Übersetzung, vorbehalten. Kein Teil des Werkes darf in irgendeiner Form (durch Fotokopie, Mikrofilm oder ein anderes Verfahren) ohne schriftliche Genehmigung des Verlages reproduziert oder unter Verwendung elektronischer Systeme gespeichert, verarbeitet, vervielfältigt oder verbreitet werden.

Bildnachweis: zefa/K+H Benser/Dennis Cooper S. 12, S. 114; gettyone Stone/Nick Dolding S. 26; SAT1/Boris Tenkel S. 40; Super Stock S. 50; Mauritius/age S. 92

Umschlaggestaltung: Vierthaler & Braun Grafikdesign, München
Satz: Redline GmbH, J. Echter
Druck und Bindearbeiten: Ebner & Spiegel, Ulm
Printed in Germany 06268/020602
ISBN 3-636-06268-9

Inhalt

Schlagfertigkeit macht sympathisch	7
Die wichtigsten Basics	11
Frauensprache – Männersprache	13
Auf Ihre Haltung kommt es an	16
Körpersprache und Ihr persönlicher Stil sprechen mit	19
Witzfertigkeit und Erwiderungsfertigkeit	22
Lernen Sie Nein zu sagen	23
Raus aus dem Schattendasein	25
Typisch weiblich? – Na, prima!	27
Keine Angst vorm Frechsein	28
Raus aus der Opferrolle	30
Tolle Frauen sind nicht perfekt	33
Lernen Sie Situationen klar zu erkennen	35
Der Mensch, der Sie immer sein wollten	37
Von den Profis lernen	39
Mehr Sprachgefühl durch die SimulGAN-Technik	41
Trainieren Sie simulGAN	43
Schlagfertigkeit spielerisch einüben	44
Der nicht geschlossene Bogen	46
Die absurde Situation	47
Gut einstecken – noch besser austeilen	49
Schwachen Sprüchen cool begegnen	51
Elegant und witzig zum Gegenangriff	57
Tötende Blicke zwischen Frauen	64

Grenzen setzen bei versteckten Vorwürfen 65
Schlaue Antworten auf Vorwürfe und Attacken . 68
So wehren Sie sich gegen Blondinenwitze 75
Meistertechniken der Schlagfertigkeit 76
Lassen Sie Angeber und Unsympathen
in Watte laufen 81

Intelligent fragen, alles erreichen **91**
Behalten Sie mit klugen Fragen die Kontrolle ... 93
So steuern Sie Ihre Gesprächspartner 96
Mit Alternativfragen besser überzeugen 98
Motivieren Sie mit Lob 99
Geben Sie Ihrer Frage bereits die Antwort mit ... 100
Machen Sie mit geschickten Rückfragen Punkte . 102
Erst richtig stellen – dann kontern 106
Bringen Sie den Angreifer in Rechtfertigungsdruck 108

Erfolg im Job **113**
Sicher reden heißt selbstbewusst handeln 115
Reagieren Sie sicher auf Kritik 117
Nehmen Sie nicht alles persönlich 117
So überzeugen Sie am Telefon 120
Souverän im Meeting 126
Fit auf Präsentationen 131
Teamplayer mit Witz 139

Register **145**

Über den Autor **155**

Schlagfertigkeit macht sympathisch

Sie sind ein Fan von Anke Engelke, von Verona Feldbusch oder bewundern den amerikanischen Talk-Star Oprah Winfrey? Dann finden Sie Frauen gut, die nicht auf den Mund gefallen sind. Vielleicht möchten Sie sogar auch ein wenig so sein wie diese ganz großen Ladies im Talk- und Comedy-Geschäft. Sie haben sich tolle Vorbilder ausgesucht. Diese Damen können sich durchsetzen. Sie sind sehr schlagfertig und haben in jeder Situation den passenden Witz oder die richtige Erwiderung parat. Denken Sie nicht, das sei alles naturgegeben – das kann man lernen.

Schlagfertigkeit ist ein Grenzfall in der Kommunikation. In 98 Prozent aller Fälle brauchen Sie sie nicht. Da läuft alles reibungslos. Aber in den übrigen zwei Prozent der Fälle, in denen Sie sprachlos sind, entsteht der Wunsch zurückschlagen zu können oder spontan witzig zu sein. Mit diesen zwei Prozent beschäftigt sich dieses Buch.

Superfrauen mit Schlagkraft

Schlagfertigkeit ist es, die den großen Erfolg unserer professionellen Plaudertaschen ausmacht. Sie sind spontan, sie sind witzig, sie sind selbstbewusst und sie wissen, wie man als Siegerin aus einem Gespräch hervorgeht.

Dazu kann man auch mal offensiv danebenlangen, wie Anke, die kurzerhand beschließt, dass jeder »Deutsche ein Ballermann« ist, oder Verona, die klarstellt: »Hier werden Sie geholfen.« Dabei wurde den beiden Witz und Schlagfertigkeit sicher nur zum Teil in die

Wiege gelegt. Frech und erfolgreich mit Worten umzugehen kann jeder lernen.

Besseres Image durch mehr Witz

Wer seine Schlagfertigkeit trainiert, tut auch jede Menge für sein Selbstwertgefühl. Trotzdem habe ich in meinen Seminaren immer wieder gesehen, dass sich sogar selbstsichere Frauen davor scheuen, mit Worten auszuteilen. Das hängt damit zusammen, dass weibliche Schlagfertigkeit bei manchen immer noch ein ungutes Image hat. Frauen mit Witz gelten nicht selten als gefürchtete Kolleginnen oder Mädels »mit Haaren auf den Zähnen«. Von dieser Meinung sollten Sie sich verabschieden. Schlagfertigkeit entspricht einem neuen Lebensgefühl der modernen Frauen. Schlagfertige, freche Frauen werden bewundert und wirken sympathisch.

Auftreten wie die Spice Girls

In einer »Wetten-dass?«-Sendung forderten die Spice Girls mit mädchenhaftem Übermut, der Schlagersänger Patrick Lindner solle vor laufender Kamera seine Unterhosen zeigen. Gastgeber Thomas Gottschalk half dem armen Patrick aus der Verlegenheit. Die beiden stellten sich mit dem Rücken zur Kamera und taten so, als ob sie ihre Hosen runterließen. Die Spice Girls hatten sich durchgesetzt. Wir empfinden Bewunderung und Sympathie, wenn sich Frauen frech, quirlig und respektlos zeigen. Dieses Lebensgefühl moderner Frauen deckt sich mit dem Begriff Schlagfertigkeit – und dieses Gefühl will ich Ihnen vermitteln.

Ich habe Schlagfertigkeit so analysiert, dass sie nachahmbar wird. Nicht jede schlagfertige Antwort, die ich gesammelt habe, lässt sich schematisieren. Aber es gibt genügend, die dafür sorgen, dass Sie zu dem Teufelchen werden, vor dem Sie Ihre Mutter immer gewarnt hat.

DIE WICHTIGSTEN BASICS

Die wichtigsten Basics

Witz ist niemandem angeboren. Das wissen auch unsere Talk- und Comedy-Stars. Es gibt Grundfertigkeiten, die man dazu braucht. Skiabfahrtsprofis trainieren nicht nur auf der Piste, sondern joggen auch Stunden um Stunden auf der Aschenbahn. Das hat für Außenstehende mit Skifahren nichts zu tun, trotzdem ist es notwendig, um Kondition zu bekommen. Das ist eine Basisfähigkeit beim Skifahren – ebenso gibt es auch für die Schlagfertigkeit bestimmte Basisfähigkeiten, die separat trainiert werden müssen.

Frauensprache – Männersprache

Frauen haben einen anderen Bezug zur Sprache als Männer. Das hat einen biologischen Hintergrund: Der bekannte Verhaltensforscher Desmond Morris hat herausgefunden, dass Mädchen über eine flüssigere Sprache verfügen, wohingegen die Jungen oft origineller sind.

Dies hängt mit der andersartigen Gehirnstruktur der Geschlechter zusammen. Im Vergleich zum Mann hat die Frau einen wesentlich schnelleren Zugriff auf das Sprach- und Gefühlszentrum in der rechten Gehirnhälfte. Ein Forscherteam der John Hopkins University in Baltimore hat bewiesen, dass das weibliche Gehirn in dem Bereich der Großhirnrinde, der für Sprache zuständig ist, eine größere Zellkonzentration aufweist. Der Bereich, der die verbale Initiative und das Kurzzeitgedächtnis steuert, weist bei Frauen eine um 23 Prozent höhere Konzentration auf. Auch der Bereich, der mit der Fähigkeit zuzuhören in

Verbindung steht, ist mit einer 13 Prozent höheren Zellkonzentration ausgestattet. Deswegen hören Männer öfter als Frauen den Vorwurf: »Nie hörst du mir zu.« Verbale Initiative, rasche Verarbeitungsgabe und die Fähigkeit gut zuzuhören sind die Zauberworte für schlagfertiges Agieren im Gespräch. Nutzen Sie diesen »kleinen Unterschied« zu Ihrem Vorteil! Allerdings muss das Gehirn, wie alles im Körper, auch bewegt und trainiert werden, damit Sie Ihr Potenzial optimal nutzen können.

Tipp

Jede Frau besitzt aufgrund ihrer biologischen Voraussetzungen ein großes Plus, was ihre Kommunikationsfähigkeit betrifft. Schluss deshalb mit Tiefstapelei und vornehmer Zurückhaltung, auch wenn Sie gerade diese Züge immer für besonders weiblich gehalten haben.

Wie »weibliches Denken« funktioniert

Mädchen werden von alters her zu einem anderen Umgang mit Sprache erzogen. Wie der Verhaltensforscher Desmond Morris meint, hängt dies mit der speziellen Organisation der menschlichen Gemeinschaft zusammen. Während Männer in gewisser Hinsicht darauf spezialisiert sind, zentrale Probleme gründlich zu durchdenken und sich langfristige Ziele zu setzen, sind Frauen eher in der Lage, gleichzeitig zu denken und auch »Nebensächlichkeiten« ins Gespräch oder in ihre Entscheidungen mit einzubeziehen. Dies war für unsere Vorfahren wichtig, um all jene Dinge zu regeln, die die Belange einer Gemeinschaft oder der Familie betreffen. Und in diesem Vorteil steckt eine Riesenchance für jede Frau.

Gibt es eine weibliche und eine männliche Sprache?

Kennen Sie die Redensart: »Frauen interessieren sich für Menschen, Männer für Dinge?« Natürlich ist das sehr verallgemeinernd, aber es steckt ein Kern Wahrheit darin. Die psychologische Forschung hat gezeigt, dass Männer, die vor einem Problem stehen, in der Regel alleine darüber nachdenken und dabei zielgerichtet und sachlich vorgehen. Frauen setzen sich hingegen lieber mit anderen zusammen und lösen das Problem im Gespräch. Beide Geschlechter kommen so auf ihre Weise zu einer Lösung. Was dabei günstiger ist, steht nicht zur Debatte. Es geht hier allein um geschlechtsspezifische Unterschiede.

> **Tipp**
>
> Machen Sie sich bewusst, welches Potenzial Sie von Natur aus haben. Frauen haben eine gute Basis, ihre kommunikativen Fähigkeiten auszubauen.

In einem männlichen Umfeld wirkt männliche Sprache besser!

Jede Gruppe, jede Organisation und jede soziale Gemeinschaft bildet eine eigene Sprache aus. Unter Fußballfans gibt es andere Ausdrucksformen als beispielsweise unter Soziologiestudenten. Die Akzeptanz in einer Gruppe wird größer, wenn Sie sich sprachlich an die Gruppe anpassen. Das machen Sie unbewusst richtig, wenn Sie beispielsweise mit Kindern reden. Wenn Sie nun in einer männlich dominierten Berufswelt Anerkennung erreichen wollen, empfiehlt es sich, dass Sie sich den sprachlichen Gegebenheiten dieser Welt anpassen. Das kann im Zweifelsfall auch bedeuten, dass Sie sich um des Erfolgs willen auch »typisch männliche« Sprachgewohnheiten angewöhnen sollten. Sie werden ernster genommen. Wenn Sie einem Kollegen oder Vorgesetzten in »seiner Sprache« gegenübertreten, denkt er: »Oh, die ist tough!« – und Sie haben seinen Respekt und seine Aufmerksamkeit. Aufgepasst: Dies gilt nur für die Berufswelt. Was private Beziehungen angeht, so liegen Sie mit Ihrer »typisch weiblichen« Sprache auf der besseren Seite.

Auf Ihre Haltung kommt es an

Wer jedem gefallen will, der wird nicht schlagfertig werden können. Wer möchte, dass niemals jemand schlecht von ihm redet, der wird auch nicht schlagfertig werden. Um richtig zu kontern und witzig zu sein, brauchen Sie ein gesundes Selbstbewusstsein, eine positive innere Haltung und die Bereitschaft, auch Dinge zu tun, die jemand mal nicht gut findet.

Schlagfertige Frauen sind erfolgreicher

Die Fähigkeit, schlagfertig zu reagieren, und der Erfolg im Beruf und im Alltag hängen unmittelbar zusammen. Schlagfertigkeit ist eine Sache Ihrer Grundeinstellung, und die ist weit wichtiger als die einzelnen Techniken.

Kennen Sie Menschen, die weniger qualifiziert sind oder weniger können als Sie, aber trotzdem beruflich oder gesellschaftlich eine bessere Position einnehmen? Was machen die eigentlich anders als Sie? Liegt es an einer höheren Bildung, liegt es an besseren Beziehungen oder liegt es vielleicht gar am Zufall? Nichts von alledem. Ihre Grundeinstellung erlaubt denen genau die Portion Frechheit mehr, die Sie sich vielleicht aufgrund einer meist übernommenen Bescheidenheitsschablone verbieten.

Wunschziel »Schlagfertigkeit«

Schlagfertigkeit ist eine Fähigkeit, die viele Menschen gern besitzen möchten. Es gibt unzählige Schlagfertigkeitstechniken, die alle wirksam sind, aber die Techniken allein nützen nichts. Es ist ihre Grundeinstellung, die den meisten Menschen im Weg steht. Sie verbietet ihnen, entschieden aufzutreten, andere auch einmal in die Schranken zu weisen, mutige Aussagen zu wagen, auch im seriösen Geschäftsleben humorvoll zu sein oder sich mit dem Selbstbewusstsein zu verkaufen, das ihrem Wert entspricht.

Befreien Sie sich von der Meinung der anderen

Es gibt immer wieder Leute; die gerade selbstbewussten Frauen gegenüber die Meinung haben, sie würden zu hart wirken und mit ihrer Haltung letztlich nur die Brücken zu den anderen abbrechen. Richtig, das kann mitunter vorkommen. Wenn Sie das allerdings als prinzipielle Grundlage Ihres Handelns nehmen, werden Sie in jedem Bereich, ob privat oder beruflich, immer nur darauf achten, was andere möglicherweise von Ihnen denken könnten.

Eines ist dabei ganz sicher: Immer wird irgendjemand für das, was Sie tun, einen negativen Kommentar übrig haben. Sind Sie beispielsweise sparsam, könnten Sie als geizig gelten; treten Sie selbstbewusst auf, könnte ein anderer Sie arrogant nennen; sind Sie zielstrebig, könnte man Sie für einen Streber halten; sind Sie schlagfertig, könnte ein anderer Sie frech nennen. Sie müssen niemals allen Menschen gefallen. Wenn es einige gibt, die Sie kritisieren, sind Sie trotzdem auf dem richtigen Weg.

Ich schlage Ihnen nun einige Widerspruchsformulierungen vor, mit denen Sie Ihre Position in vielen Fällen markieren können:

»Das kann nicht stimmen.«
»Das sehe ich anders.«
»Das meinen vielleicht Sie ...«
»Da bin ich anderer Meinung.«
»Wie kommen Sie denn darauf?«
»Meinen Sie das ernst?«
»Glauben Sie das wirklich?«

> **Tipp**
>
> Angepasst sein oder sogar Unterwürfigkeit gehen mit Schlagfertigkeit nicht zusammen. Sie behindern ihre eigene Persönlichkeit in jedem Lebensbereich, privat wie beruflich.
>
> Wenn Sie Ihre Haltung ändern möchten, müssen Sie Ihre Persönlichkeit verändern. Das heißt, Sie müssen bereit sein, in vielen Bereichen eine andere zu werden.
>
> Verändern Sie Ihre Persönlichkeit in Richtung auf mehr Selbstbewusstsein. Wenn Sie zu einem zurückhaltenden Verhalten oder zu Schüchternheit neigen, sind alle Sportarten positiv, die Ihre Körperhaltung und Ihre Beweglichkeit verbessern oder mit denen Sie lernen, sich selbst zu verteidigen. Schwimmen, Yoga, Trainingsprogramme wie Pilates, Walking, Jogging oder auch Selbstverteidigungskurse sind dazu geeignet.

Körpersprache und Ihr persönlicher Stil sprechen mit

Erfolgreiche Kommunikation ist eines der spannendsten Dinge im Leben. Allerdings ist jedes Gespräch anfällig für Missverständnisse. Das hängt damit zusammen, dass wir nicht nur sachliche Inhalte transportieren, sondern immer auch gefühlsmäßige. Diese drücken wir nicht nur durch Worte aus, sondern auch durch die so genannte nonverbale Sprache, die Körpersprache. Jeder von uns hat ein bestimmtes Repertoire an körpersprachlichen Signalen. Ein Teil dieser Signale ist durch unsere Kultur bestimmt und wurde von uns durch unbewusste Nachahmung erworben. Ein anderer Teil ist in uns von Geburt an verankert.

Unsere Körpersprache bestimmt stärker die verschiedenen Gesprächssituationen als unsere Worte. Die Körpersprache können wir verfeinern, indem wir uns darauf konzentrieren.

Wenn Sie beispielsweise im Alltag eher dazu neigen, sich klein zu machen, den Kopf einzuziehen, die Schultern beim Stehen und Gehen nach vorne sinken zu lassen, wirkt das schwach und wenig dynamisch. Wenn Sie in kritischen Situationen eher zurückweichen oder sich hinter verschränkten Armen verbarrikadieren, so wirkt dies verschlossen und unkommunikativ. Sie signalisieren dem anderen, dass Sie keine ebenbürtige Mitspielerin sind, und zeigen damit, dass Sie sich nicht wichtig nehmen und bereit sind, sich unterzuordnen.

Wie verbessere ich meine Körpersprache?

Ihre innere Haltung drückt sich immer in Ihrer Körpersprache aus – ob Sie wollen oder nicht. Es handelt sich dabei um einen unbewussten Vorgang. Sie können aber Ihre körpersprachlichen Signale auch ganz bewusst verändern. Es ist ganz einfach. Sie müssen nur die Körperhaltung einnehmen, die ein selbstbewusster Mensch hat. Mit selbstbewussten Körpersignalen beeinflussen Sie umgekehrt Ihr Unterbewusstsein und Ihre innere Haltung – und damit natürlich wiederum jedes Gespräch, jedes Miteinander und jede Kommunikation.

Sie werden schnell merken, wie sehr eine selbstbewusste Körpersprache Ihr klares und sicheres Auftreten unterstützt. Hierzu eine kleine Hilfe: Stellen Sie sich vor, Sie seien wie eine Marionette an einem Faden aufgehängt. Der Kopf ist fest an der höchsten Position und der Körper »hängt« gerade herunter. Automatisch halten Sie sich aufrecht und signalisieren durch diese bewusste Körperhaltung Ihrem Gehirn: »Der Hirnbesitzer ist heute ganz schön selbstbewusst.« So werden Sie sich dann auch fühlen. Diese Haltung strahlen Sie dann nach außen und damit auf Ihr gesellschaftliches Umfeld aus.

Tipp

Die besten körpersprachlichen Tricks:
Atmen Sie tief ein und ruhig wieder aus. Selbst wenn in einer bestimmten Situation eine schnelle Reaktion gefragt ist: Den Atem anzuhalten hilft überhaupt nichts. Lassen Sie den Atem ganz bewusst los. Richten Sie sich dann auf, so als ob eine unsichtbare, an Ihrem Scheitel befestigte Schnur Sie nach oben zöge. Dadurch halten Sie sich aufrecht, Ihre Stimme bekommt mehr Ausdruck und Sie verspüren mehr Selbstwertgefühl. Blicken Sie geradeaus und weichen Sie nicht zurück.

> Sehen Sie ihrem Gegenüber direkt in die Augen, ohne zu blinzeln. Und fangen Sie bloß nicht damit an, Ihren Kopf schief zu legen. Sie wollen nicht flirten und liebenswert sein, sondern Ihrem Gegenüber zeigen, was für eine Persönlichkeit Sie sind.
> Denken Sie: »Ich behaupte meine Position – ich bin eine starke Frau.«

Programmieren Sie sich positiv!

Das oben beschriebene körpersprachliche Verhalten ist in allen Situationen wirksam, ob kritisch oder nicht. Allein dadurch, dass Sie Ihre Körperhaltung auf die beschriebene Weise ausrichten, werden Sie sehen, dass man Sie weniger häufig angreift.

Ihre Körpersprache und Ihre innere Haltung können Sie mit einer Technik höchst wirksam beeinflussen. Sie basiert auf Autosuggestion, durch ständig wiederholtes Hören derselben positiven Botschaften. Stellen Sie sich als die Frau vor, die Sie sein möchten. Formulieren Sie diesen Zustand auf einem Blatt Papier so, als ob er schon eingetreten wäre.

Affirmationen stärken das Unbewusste

Die Botschaften mit diesen neuen, positiven und starken Inhalten können Sie auf Kassette aufnehmen und jederzeit nebenbei über Walkman hören: beim Joggen, beim Autofahren, bei der Hausarbeit, fast überall. Besprechen Sie dazu eine Kassette mit Texten wie etwa: »Ich gebe immer häufiger eine schlagkräftige Antwort, wenn mich jemand angreift.« – »Ich stehe meine Frau.« – »Ich verhalte mich stark und selbstbewusst.« – »Ich weiß, dass ich ... bin.«

Alle Affirmationen müssen immer in der Gegenwart, nicht in der Vergangenheit oder Zukunft formuliert werden. Effektiv sind auch Satzanfänge wie »Es gelingt mir immer besser ... «. Nach einiger Zeit sind diese Botschaften in Ihrem Unterbewussten gespeichert und werden Ihr Handeln, Ihre Ausstrahlung – und Ihren Werdegang beeinflussen.

Witzfertigkeit und Erwiderungsfertigkeit

Die Schlagfertigkeit, wie ich sie betrachte, unterteile ich in zwei Begriffe: die Witzfertigkeit und die Erwiderungsfertigkeit. Was verbirgt sich hinter diesen Begriffen?

Mit Hilfe der Witzfertigkeit können Sie aus einer bestimmten Situation heraus eine Bemerkung machen, die die anderen überrascht und zum Lachen bringt. «Mögen Sie trockenen Weißwein?« – »Feucht wäre er mir lieber.«

Erwiderungsfertigkeit bedeutet, dass Sie ganz spontan auf Angriffe reagieren.

»Sie sind überhaupt nicht weiblich.« – »Das ist bei Ihnen auch nicht nötig.«

Bei der Witzfertigkeit machen Sie spontan Witze aus einer Situation heraus, bei der Erwiderungsfertigkeit erwidern Sie etwas auf Angriffe.

Im nächsten Kapitel zeige ich Ihnen eine ganze Reihe von konkreten Beispielen zu den einzelnen Techniken. Sie alle gehören zu den eben beschriebenen Basismethoden.

> **Tipp**
>
> Witzfertigkeit ist das Vermögen, spontan aus der Situation heraus eine witzige Bemerkung zu machen. Erwiderungsfertigkeit ist das Vermögen, auf verbale Angriffe sofort mit einer Gegenantwort reagieren zu können.

Lernen Sie Nein zu sagen

Nathalie Schneuwly möchte heute Abend endlich in aller Ruhe das Buch zu Ende lesen, das seit Wochen auf ihrem Schreibtisch liegt. Aber kaum kommt sie zur Türe herein, klingelt das Telefon. Es ist ihre Freundin Brigitte. Brigitte hat sich schon lange nicht mehr gemeldet. »Kommst du mit, heute Abend etwas trinken?«, fragt sie. Nathalie ist unschlüssig, was sie tun soll. Sie wollte doch unbedingt das Buch fertig lesen. Aber Brigitte hat schon so lange nicht mehr angerufen. Wenn ich ablehne, denkt Nathalie, ist Brigitte bestimmt enttäuscht oder gar verletzt. Daher sagt Nathalie ihrer Freundin nach langem Zögern schließlich zu, obwohl ihr eigentlich gar nicht nach Ausgehen zumute ist. Vom Ausgehen wieder nach Hause zurückgekehrt, ärgert sie sich darüber, dass sie alles, was sie sich für den Abend vorgenommen hatte, wieder mal nicht erledigen konnte.

Ein Problem vieler Frauen ist es, nicht Nein sagen zu können. Sie wollen niemanden enttäuschen und dieser Wunsch ist stärker als ihre eigenen Wünsche.

Wenn Sie sich in Zukunft wieder mal nicht trauen, in einer bestimmten Situation Nein zu sagen, dann überlegen Sie: Wie würden Sie entscheiden, wenn Sie ganz alleine auf der Welt wären und auf niemanden Rücksicht nehmen müssten? Wie immer Ihre Antwort ausfällt, Sie sollten sie zu Ihrem Maßstab machen, übrigens im Interesse aller Beteiligten. Es ist nicht Ihre Aufgabe im Leben, dafür zu sorgen, dass andere nicht enttäuscht sind. Überlegen Sie: Wenn Ihnen jemand Nein sagt, dann sind Sie ja auch nicht zwingend böse auf den anderen. Und wenn jemand Ihr Nein nicht akzeptiert, ist er Ihrer Freundschaft nicht wert.

> **Tipp**
>
> Bevor Sie Nein sagen, geben Sie Ihrer Wertschätzung Ausdruck. Sie könnten zum Beispiel erwidern: »Ich freue mich, dass du angerufen hast. Heute ist etwas Wichtiges, das ich schon lange geplant habe. Mir würde es gefallen, wenn wir uns in zwei Wochen treffen könnten.«

Raus aus dem Schattendasein

Raus aus dem Schattendasein

Viele Frauen neigen dazu, sich im Gespräch eher zurückzunehmen, auch wenn sie angegriffen werden oder ungerechtfertigten Vorwürfen ausgesetzt sind. Und genau um die Auflösung dieses Musters wird es gehen, wenn Sie in Zukunft mehr Erfolg in Gesprächen haben wollen. Das gilt für den beruflichen ebenso wie für den privaten Bereich.

Typisch weiblich? – Na prima!

»Typisch Frau!« – diesen Ausruf von Männern haben Sie sicherlich schon mehr als einmal gehört, wenn jemand mit einem Verhalten oder einer Äußerung von Ihnen nicht zurechtkam. Was geht in einem Mann eigentlich vor, wenn er so etwas sagt?

Der Ausdruck »Typisch Frau!« liegt in einem Grenzbereich zwischen Unverständnis, möglicher Kritik, aber auch persönlicher Wertschätzung. Er ist nicht zwingend negativ gemeint, hinter diesem Ausspruch kann sich auch eine versteckte Bewunderung verbergen.

Wenn es wieder mal um »Typisch Frau!« geht, dann seien Sie stolz auf sich. Lächeln Sie und sagen Sie strahlend: »Ja, ich finde mich auch toll!« Wetten, dass ein solcher Satz Ihrem Gegenüber den Wind aus den Segeln nimmt – sofern seine Äußerung überhaupt negativ gemeint war?

Keine Angst vorm Frechsein

Viele Frauen haben ein Verhaltensmuster anerzogen bekommen, das dem Prinzip gehorcht: »Sei ein liebes, braves Mädchen, damit du allen gefällst.« Frechsein hatte darin keinen Platz, aber Frechsein macht Spaß und Frechsein bringt einen weiter – egal was Ihre Mutter Ihnen beizubringen versucht hat. Frechsein ist eine Grundhaltung, die trainiert werden kann. Wenn in einer Annonce steht: »Nicht vor 19 Uhr anrufen« – rufen Sie um 18 Uhr an. Parken Sie Ihr Auto so auffällig falsch, dass man schon fast schmunzeln muss. Die 15 Euro für ein Knöllchen sind eine prima Investition in Ihr Selbstwertgefühl. (Achten Sie allerdings darauf, dass Sie dabei nicht andere gefährden – und es wird auch richtig teuer, wenn Ihr Wagen abgeschleppt wird.) Das sind Übungen, die Ihr Frechsein trainieren – und mit diesem Training stärken Sie auch Ihre Schlagfertigkeit.

Stehen Sie für sich ein

Angenommen, Sie lassen immer wieder herablassende Bemerkungen Ihres Chefs über sich ergehen und trösten sich damit, das halte sich im Rahmen. Schließlich möchten Sie ja Ihren Job behalten, er ist Ihr Vorgesetzter und vielleicht hat er letztlich sogar Recht.

Wenn beispielsweise Ihr Chef Sie anpflaumt: »Na, Frau Huber, Sie haben Ihre Ablage wirklich nicht im Griff. Die Akte X habe ich Ihnen doch noch gestern Abend auf den Tisch gelegt.« Dann suchen die meisten auf Anhieb erst mal den Fehler bei sich und versuchen, sich zu rechtfertigen. Aber was halten Sie von folgender Antwort: »Selbstverständlich habe ich meine Ablage im Griff. Wo könnten Sie denn Ihre Akte sonst hingelegt haben?« So haben Sie selbstbewusst reagiert und gleichzeitig Ihren Chef durch eine geschickte Gegenfrage dazu gebracht, dass er Ihnen eine Antwort geben muss.

> **Tipp**
> Ihre Wirkung auf andere ist immer besser, wenn Sie klar Stellung beziehen, anstatt auf einen (unberechtigten) Vorwurf nichts zu erwidern.

Niemand ist »Everybody's Darling«

Merken Sie sich zunächst nur eines: Wenn Sie schlagfertig sein wollen, verabschieden Sie sich unbedingt von einem typisch weiblichen Glaubenssatz: Ich bin nur dann »Everybody's Darling«, wenn ich mich immer und überall lieb und verbindlich verhalte. Erfahrungsgemäß ist es schwierig, wenn nicht sogar unmöglich, schlagfertig und erfolgreich zu sein, wenn Sie eine Frau sind,

- die nie im Mittelpunkt stehen will,
- die es allen recht machen will,
- die krampfhaft möchte, dass man nur gut von ihr spricht.

Den Grundstein für schlagfertiges Reagieren und Ihre Karriere legen Sie jedoch, wenn Sie eine Frau sind,

- die Ecken und Kanten zeigt,
- die bereit ist, immer wieder auch Dinge zu tun, die andere nicht gut finden,
- die mit dem Wort »frech« in erster Linie nichts Negatives verbindet.

> **Tipp**
>
> Hören Sie auf damit, es immer allen recht machen zu wollen. Halten Sie sich nicht mit langem Nachdenken auf', ob Ihre Bemerkung auch bei jedem gut ankommt. Haben Sie Mut, Ecken und Kanten zu zeigen, und trauen Sie sich, auch mal zu widersprechen. Es lohnt sich. Und Sie werden mehr Spaß im Beruf und in Ihrer Beziehung haben.

Raus aus der Opferrolle

Viele Frauen lassen sich einschüchtern durch die erhobene Stimme eines Vorgesetzten, einen strengen Vater oder eine hysterische Mutter. Ständig versuchen Sie dann, Gesprächssituationen mit diesen Personen zu vermeiden. Irgendwann ist ihr Selbstwertgefühl dann so angeschlagen, dass sie tatsächlich das Verhalten an den Tag legen, das man ihnen ständig vorwirft. Wie Sie mit offenen und versteckten Angriffen von Kollegen, Nachbarn und Familienangehörigen umgehen, zeigt den anderen immer auch, was Sie im tiefsten Inneren von sich selbst halten. Der einzige Ausweg: Raus aus der Verhaltensschablone! Wer keinen Respekt von anderen einfordert, der verliert irgendwann die Achtung vor sich selbst. Bleiben Sie aufrecht und stehen Sie erhobenen Hauptes für sich selbst ein.

Erwarten Sie nicht, dass andere Ihnen diese Aufgabe abnehmen und Sie »retten« vor den Ungerechtigkeiten eines unzufriedenen Chefs, einer dominanten Schwiegermutter oder eines launischen Partners.

Wer nach einem Verbalangriff zurückweicht oder schweigt, bestätigt den Angreifer in seinem Verhalten, auch wenn das natürlich gar nicht beabsichtigt war. Schon um sich die Achtung vor sich selbst zu erhalten, sollten Sie solche Muster durchbrechen.

> **Tipp**
> Eine Ihnen zugewiesene Rolle müssen Sie nicht für ewig akzeptieren. Sie können gleich heute damit anfangen, eine andere zu sein. Es muss nicht jedem gefallen, was Sie tun.

Der Selbstwertkreis

Jeder Mensch bildet um sich einen virtuellen Kreis, der definiert, wie weit man im Umgang mit seinen Mitmenschen gehen darf und wie man sich verhalten muss, um nicht anzuecken. Dieser Kreis hat bei jedem Menschen einen unterschiedlich großen Radius.

Dabei sollten Sie sich folgendes klar machen: Es ist nicht die Außenwelt, die bestimmt, wie groß Ihr Kreis ist. Allein Sie selbst mit Ihren Gedanken und Ihrer Selbsteinschätzung bestimmen seine Größe. Wenn Ihr Selbstwertgefühl nicht sehr stark ausgeprägt ist, gestalten Sie Ihren persönlichen Radius eher klein. Trotzdem werden Ihnen immer wieder Menschen begegnen, denen Ihr Verhalten noch zu weit geht oder nicht passt. Jetzt könnten Sie sich sagen: »Mein Kreis ist offenbar noch immer zu groß, also werde ich ihn weiter verkleinern.« Aber leider ist das ein Trugschluss: Sie werden auch damit wieder anecken.

Machen Sie es doch umgekehrt. Vergrößern Sie Ihren Radius. Natürlich werden Sie auch da anecken. Gemessen an dem vergrößerten Umfang nehmen diese Momente sogar noch zu. Aber mit der Größe des Kreises wird auch Ihr Selbstwertgefühl wachsen. Und das Praktische dabei ist: Ihnen machen die Widrigkeiten nun nicht mehr so viel aus.

Können Sie sich vorstellen, wie groß der Radius einer Frau wie Rita Süssmuth ist? Wenn sie sich um jeden Sorgen gemacht hätte, der sie nicht gut fand oder findet, wäre sie mit ziemlicher Sicherheit nie Ministerin und Bundestagspräsidentin geworden.

Der Selbstwertkreis: Egal, wie klein Sie ihn gestalten, es gibt immer Momente, in denen Sie anecken. Vergrößern Sie ihn, ecken Sie mehr an – Ihr Selbstwertgefühl wird mitwachsen.

»Ich bin klasse!«

Versuchen Sie einmal folgenden Satz laut auszusprechen: »Ich bin genial, ich bin klasse!«

Sprechen Sie ihn bitte so klar und deutlich aus, dass Sie selbst daran glauben. Sollten Sie Probleme haben, das mit voller Herzensinbrunst zu intonieren, dann sind Sie wahrscheinlich noch nicht in der Position, von der Sie meinen, dass sie Ihnen zusteht. Da hilft nur eines: Üben!

Wiederholen Sie diesen Satz jeden Morgen vor dem Zähne putzen oder vor kritischen Situationen und Gesprächen. Es wird von Tag zu Tag besser klappen und diese Botschaft wird Ihnen in Fleisch und Blut übergehen. Denn es ist Ihr Auftreten, das die anderen überzeugt; Ihre Sachargumente spielen da nur eine untergeordnete Rolle. Wenn Sie sich selbst als Person toll finden, finden Ihre Gesprächspartner auch Ihr Anliegen toll. Das sind unterbewusste Vorgänge, die Sie jedoch bewusst beeinflussen können.

Tolle Frauen sind nicht perfekt

Der erste Schritt zu mehr Witz und zum Frechsein ist manchmal schwer. Schließlich stellen Sie sich mit einem solchen Verhalten auf einmal in den Mittelpunkt und setzen sich nicht, wie bisher gewohnt, zurück.

Keine Panik vor einer Blamage. Peinlich ist nur das, was Sie auch so empfinden: Halten Sie es ruhig mit Verona Feldbusch und ihren unvergesslichen Versprechern. Das hat viel Charme. Geben Sie schlagfertige Antworten auch auf die Gefahr hin, dass es einmal in die Hose geht.

Haben Sie keine Angst davor, gelegentlich Schwächen zuzugeben. Wir sind alle nur Menschen, auch die schlagfertigsten unter uns.

Angenommen jemand verwendet im Gespräch beispielsweise das Fremdwort »Altruismus« und Sie kennen es nicht, dann sagen Sie laut und vernehmlich: »Was bitteschön ist Altruismus?« Das zeugt von einem höheren Selbstbewusstsein, als wenn Sie verschämt schweigen.

Es gibt allerdings auch noch einen anderen erfolgversprechenden Trick, ein Ihnen unbekanntes Fremdwort herauszukriegen, ohne sich eine Blöße zu geben. Fragen Sie einfach: »Was verstehen Sie denn bitte unter Altruismus?« Ohne Ihr Nichtwissen bloßzulegen, wird Ihnen der andere eine Gratisnachhilfe geben. Nebenbei bemerkt: Altruismus bedeutet Selbstlosigkeit.

Mut zum eigenen Stil

Üben Sie das Aus-der-Reihe-Tanzen oder Frechsein auch auf anderen Ebenen. Versuchen Sie es doch einmal mit einer Testsituation. Stylen Sie sich beispielsweise vor dem abendlichen Date mit Ihren Freunden mal völlig ausgefallen. Probieren Sie eine Frisur aus, mit der Sie richtig sexy aussehen, und tragen Sie ein gewagtes superweibliches Top statt des stets korrekten Dezentlooks.

Sie werden sehen: Schon nach den ersten Versuchen werden Sie Spaß daran finden, Ihre neuen Facetten auszuleben. Sie bekommen ein ganz neues Gefühl für sich und gewinnen an Sicherheit. Das drückt sich nicht nur in Ihrer Erscheinung, sondern auch in der Art, wie Sie sprechen, und in Ihren körpersprachlichen Signalen aus.

Lernen Sie Situationen klar zu erkennen

Sagt Ihnen Ihr Liebster beispielsweise am frühen Morgen: »Du siehst heute aber unausgeschlafen aus.« Ist dies eine Verbalattacke oder nicht? Darauf gibt es keine »objektive« Antwort. Das entscheiden einzig und alleine Sie, ob Sie sich getroffen fühlen wollen oder nicht. Selbst wenn Ihr Partner die negative Absicht damit verband, Sie herabzusetzen, können Sie so eine Bemerkung wie an einer dicken Elefantenhaut an sich abperlen lassen. Umgekehrt kann eine von ihm völlig harmlos gemeinte Bemerkung bei Ihnen die Wut kochen lassen. Es sind nicht die Worte an sich, sondern nur die Wirkung auf Sie, die überhaupt das Bedürfnis entstehen lässt, schlagfertig zu reagieren.

Trotzdem geraten auch Frauen immer wieder in Gesprächssituationen, die alles andere als zart und lieblich zu nennen sind.

> **Tipp**
> Gehen Sie immer häufiger bei dummen Bemerkungen davon aus, dass man Sie gar nicht »treffen« wollte. Dann erübrigt sich die Notwendigkeit zum schlagfertigen Reagieren. Ihr Gefühlshaushalt ist ausgeglichener.

Wann ich schlagfertig sein möchte

In beruflichen Verhandlungen,
- um meine Forderungen durchzusetzen,
- um Angriffe zu entkräften,
- um die Situation aufzulockern.

Im Büroalltag unter Kollegen,
- um neidische Konkurrentinnen in Schach zu halten,
- um mehr Spaß im Alltag zu haben.

Bei privaten Terminen,
- um für mehr Lockerheit im Umgang zu sorgen,
- um unerwünschte Anmache abzuweisen.

Im Urlaub,
- um leichter Kontakte zu knüpfen.

Bei Gesprächen mit Partner und Familie,
- um meinen Standpunkt deutlicher zu vertreten.

Je absurder, desto besser

Schlagfertigkeit, soweit sie die Witzfertigkeit betrifft, hat eine ganze Menge mit Absurdität zu tun. Versuchen Sie bei einem verbalen Angriff einmal an etwas völlig Verrücktes zu denken, an etwas, wo Sie sich normalerweise sagen würden: »So ein Quatsch!« Zensieren Sie sich jetzt keinesfalls mit: »Aber das kann man doch nicht sagen!« Gerade die Kunst, etwas scheinbar völlig Entlegenes ins Gespräch zu führen, erweist sich oft als genialer Kunstgriff.

Ein Beispiel: Ihre Kollegin erzählt Ihnen von einem tollen Club, der momentan wahnsinnig »in« ist. »Man kommt allerdings nur rein, wenn man echt gut aussieht.« Die erste Reaktion könnte natürlich beleidigtes Schweigen sein oder ein versteckter Gegenangriff a la »Komisch, dass die dich dann reingelassen haben«. Sie könnten allerdings auch bedeutend effektvoller antworten: »Stimmt, ich habe gehört, die wählen dort samstags immer die Miss Orang-Utan.« Diese schlagfertige Antwort lebt von der absurden Situation, die Sie konstruiert haben.

> **Tipp**
>
> Verwandeln Sie Ihren Vorsatz, sich künftig nichts mehr bieten zu lassen, in einen Grundsatz. Nehmen Sie sich fest vor: »Ich lasse nichts mehr auf mir sitzen.«
> Es gibt eine verrückte Möglichkeit, wie Sie Ihre neuen Handlungsgrundsätze verinnerlichen können: Stellen Sie sich dazu vor den Spiegel, halten Sie Ihre geöffneten Hände wie »Elefantenohren« hinter ihre Ohren und sprechen Sie sich diesen Satz mehrmals laut ins eigene Spiegelbild: »Ich lasse mir nichts mehr gefallen!« Fragen Sie mich nicht warum, aber es wirkt.

Der Mensch, der Sie immer sein wollten

Es gibt etwas in uns, das nennen religiöse Menschen Seele. Diese Seele strahlt, sie weiß immer, was gut für Sie ist, die Seele ist heilig. Das Problem liegt darin, dass wir diese Seele nicht mehr richtig hören können. Heilige Menschen wie Buddha, Jesus oder Mohammed hatten gelernt, ihre Seele sprechen zu lassen. Doch Sie können die Informationen der Seele anzapfen.

Es gibt einen Menschen in Ihnen, das ist der Mensch, der Sie immer sein wollten und der Sie in seltenen Momenten auch gewesen sind. Das ist ein Mensch, der stark ist, der selbstbewusst seine Position behauptet, der ohne Zweifel ist, der handelt, anstatt zu reden, der loslassen kann, der seine Vorhaben nicht auf morgen verschiebt, der wagt, ohne zu wissen, wie es ausgeht, der mehr gibt, als er nimmt, der sich nicht um die Zukunft sorgt, der auf Menschen zugeht, der hilfsbereit ist, der sich nicht sorgt, was andere von ihm gedacht haben, der jedem verzeihen kann.

Dieser Mensch steckt in Ihnen. Ich nenne ihn den idealen Menschen. Geben Sie ihm einen Namen. Nennen Sie ihn »die bessere ... « und dann Ihren Vornamen. Wenn Sie also Sabine heißen, dann nennen Sie Ihren idealen Menschen »die bessere Sabine«.

Sie erleben täglich Situationen, in denen Sie viele kleine oder größere Entscheidungen treffen müssen: Soll ich den Tramper, den ich doch von meiner Siedlung kenne, in meinem Auto mitnehmen? Soll ich meine Nachbarin wirklich fragen, ob sie mir ein Pfund Mehl geben kann? Soll ich den Fußgänger, der von der S-Bahn-Station zu Fuß nach Hause läuft, fragen, ob er nicht bei mir im Auto mitfahren will? Soll ich den gutaussehenden Mann wirklich ansprechen? Soll ich meine Mutter jetzt anrufen? Soll ich meiner Kollegin, die mir nicht zum Geburtstag gratuliert hat, zu ihrem Geburtstag gratulieren?

Bei all diesen Entscheidungsfragen zögern Sie immer eine Sekunde, weil Sie Befürchtungen haben, dass Sie sich blöd vorkommen, dass die anderen vielleicht schlecht von Ihnen denken oder dass Sie plötzlich sprachlos bleiben könnten. Hier ist nun die Lösung: Jedesmal wenn Sie vor so einer Entscheidung stehen, fragen Sie sich: Was würde jetzt »die bessere Sabine« tun? Und genau das tun Sie dann. So werden Sie Stück für Stück der Mensch, der Sie immer sein wollten.

Von den Profis lernen

Von den Profis lernen

Um richtig schlagfertig zu sein, gibt es die verschiedensten Techniken. Sie sind alle erlern- und trainierbar.

Es gibt eine Technik, mit deren Hilfe Sie Grundfertigkeiten, die für ein gelungenes schlagfertiges Verhalten ausschlaggebend sind, trainieren können. Sie heißt: SimulGAN-Technik. Das Phänomenale an ihr: Sie vereinigt mehrere Trainingsaspekte innerhalb einer denkbar einfachen Methode.

Mehr Sprachgefühl durch die SimulGAN-Technik

SimulGAN heißt »Simultan Gleichzeitig Aufnehmen und Nachsprechen«. Jeder Mensch ist auf Anhieb in der Lage, SimulGAN zu sprechen. Trainieren Sie damit Ihr Sprachgefühl, Ihre Aussprache und steigern Sie auf die Dauer Ihr Reaktionstempo in Gesprächen.

Aufnehmen – Verarbeiten – Nachahmen

Bei dieser neuen Methode machen Sie nichts anderes als einen gesprochenen Text simultan nachzuahmen. Das sieht in der Praxis so aus: Sie hören eine Radiosendung oder sehen sich Nachrichten an und versuchen das, was der Sprecher sagt, so fehlerfrei wie möglich, minimal zeitverschoben nachzusprechen. Das gelingt Ihnen sofort, ohne Training.

Ich mache immer wieder dieselbe Erfahrung: Manche Seminarteilnehmer glauben anfangs nicht, dass das simulGANe Nachsprechen wirklich möglich ist. Sie sind dann völlig erstaunt, dass Sie nicht nur Texte in ihrer Muttersprache flüssig mitsprechen können, sondern auch in Fremdsprachen, in denen sie Grundkenntnisse haben oder die sie zumindest von der Aussprache her beherrschen.

Mit dieser Technik erweitern Sie nicht nur Ihren aktiven Wortschatz, sondern bekommen auch ein erhöhtes Sprech- und ein schnelleres Denktempo.

Am besten, Sie legen gleich einmal los. Schalten Sie das Radio ein und sorgen Sie dafür, dass Sie nicht gestört werden. Es wirkt schon ein bisschen komisch, wenn Mama den Nachrichtensprecher nachspricht. Später können Sie Ihre Lieben ja einweihen, wenn sie nicht schon vorher merken, dass jetzt ein anderer Wind weht. Vielleicht bekommt Ihr Mann dann sogar Lust, die SimulGAN-Technik selbst einmal auszuprobieren.

Fangen Sie mit kurzen Radionachrichten an. Konzentrieren Sie sich zunächst auf das Nachsprechen und nehmen Sie sich dann vor, auch die Bedeutung dessen, was Sie nachsprechen, zu erfassen. Es ist lediglich eine Frage der Konzentration. In der Regel gelingt es schon nach wenigen Versuchen, nicht nur simultan mitzusprechen, sondern auch den gesprochenen Inhalt dabei aufzunehmen.

Sie können dieses Training beliebig oft durchführen, zum Beispiel jedesmal, wenn Sie Nachrichten verfolgen, wenn Sie Lernkassetten hören oder einfach nur eine Sendung im Fernsehen ansehen. Je öfter und regelmäßiger Sie trainieren, desto stärker wird Ihre Schlagfertigkeit profitieren.

Trainieren Sie simulGAN

Das SimulGAN-Training eignet sich besonders gut, weil Sie damit mehrere Fähigkeiten gleichzeitig fördern. Und all diese Fähigkeiten sind nützlich für Ihre Schlagfertigkeit.

Sie vergrößern Ihren Wortschatz

Sie erweitern in kürzester Zeit effektiv Ihren Wortschatz und verfeinern Ihren Satzbau. Denn wenn Sie aktiv neue Worte und Begriffe aussprechen und diese immer öfter wiederholen, dann benutzen Sie sie auch irgendwann selbst – und werden damit flexibler. Anfänglich werden Sie etwa drei Viertel des Gesamttextes korrekt mitsprechen können, nach regelmäßigem Üben kommen Sie auf 90 bis 95 Prozent fehlerfreies Sprechen.

Sie reagieren schneller mit der SimulGAN-Technik

Das gleichzeitige Sprechen von Kassettentexten, Nachrichten oder Infosendungen im Radio sorgt indirekt für schnellere Reaktionen im direkten Gespräch. Bei regelmäßigem Training wird die Reaktionszeit zwischen Hören und Sprechen immer kürzer. Sie werden sehen, je schneller Sie sprachlich reagieren, desto schneller werden mit der Zeit auch Ihr Denken und Ihre Merkfähigkeit – selbst unter Zeitdruck. Generell verkürzt sich die Zugriffszeit auf Ihren gesamten aktiven Sprachschatz.

Deutlichere Aussprache, höheres Sprechtempo

Mit Hilfe der SimulGAN-Technik verbessern Sie kontinuierlich Ihre Aussprache und können sich so in den verschiedensten Situationen deutlicher und vor allem entschiedener ausdrücken.

Sie lernen auf bequeme Weise, Ihr Sprechtempo und die Lautstärke zu variieren und dadurch auch Ihre eigenen Worte wirkungsvoller in Szene zu setzen. Das ist wichtig für Vorträge und Präsentationen. Durch Ihre Anpassung an das Sprechtempo professioneller Moderatoren lernen Sie dabei automatisch, Ihr eigenes Sprechtempo zu wechseln.

Effektiver Fremdsprachen lernen

Ihre Fremdsprachen-Kenntnisse werden in kürzester Zeit besser und Ihre Aussprache wird deutlich akzentfreier. Dafür ist das SimulGAN-Mitsprechen von Nachrichten in fremden Sprachen oder von speziellen Übungskassetten geeignet. Das bietet sich beispielsweise an, wenn Sie Ihre Kenntnisse für einen besonderen Anlass auffrischen möchten – etwa vor Ihrem Urlaub oder auch vor wichtigen beruflichen Terminen, zu denen Sie ins Ausland reisen müssen. Ich persönlich setze diese Technik ein, um mich auf Moderationen in verschiedenen Sprachen vorzubereiten.

Schlagfertigkeit spielerisch einüben

Je schneller und unerwarteter Sie eine Anwort geben, desto verblüffender ist ihre Wirkung. Das schnelle Kombinieren und Aussprechen Ihrer Einfälle sollten Sie immer wieder durch spielerische Übungen trainieren, die Sie auch im Kreis mit Freunden oder der Familie durchführen können. Alle Übungen zielen auf eine Verbesserung und Beschleunigung Ihrer Gehirnarbeit und vergrößern darüber hinaus Ihren aktiven Wortschatz.

Spielerisch Tempo machen

Ein altes Kinderspiel, das Sie sicher kennen, dreht sich um das freie und schnelle Assoziieren von Begriffen unter einer bestimmten Zeitvorgabe. Es eignet sich hervorragend, um gemeinsam mit anderen zu üben und so das Reaktionstempo zu erhöhen. Gleichzeitig können Sie überprüfen, wie groß Ihr aktiver Wortschatz tatsächlich ist.

Geben Sie dazu Ihren Mitspielern einen Begriff vor, zu dem diese in 30 Sekunden alle Worte nennen sollen, die ihnen einfallen. Wenn Sie einen Begriff suchen, schauen Sie einfach aus dem Fenster. Gewinner ist, wer zu einem vorgegebenen Begriff die meisten Worte gefunden hat oder wer es schafft, gedankliche Verknüpfungen zwischen zwei unterschiedlichen Begriffen in der vorgegebenen Zeit zu Ende zu bringen. Wichtig für die Wirksamkeit des Spiels ist, dass die Worte wirklich ausgesprochen werden und nicht etwa aufgeschrieben, wie bei vergleichbaren anderen Spielen. Dieses Spiel können Sie jederzeit auch alleine für sich spielen.

Neben den Grundlagen, die Sie von Natur aus mitbringen, einem machtvollen und selbstsicheren Auftreten sowie bestimmten Techniken zum Erlernen der Schlagfertigkeit gibt es zwei unentbehrliche Grundprinzipien, die fast jeder schlagfertigen Antwort zugrunde liegen: den nicht geschlossenen Bogen und die absurde Situation.

Wenn Sie Gesprächssituationen, in denen besonders schlagfertige Antworten gegeben werden, im Nachhinein analysieren, dann wird Ihnen auffallen, dass diesen Gesprächssituationen oft die beiden oben genannten Prinzipien zugrunde liegen. Auf den folgenden Seiten beschreibe ich diese Techniken ausführlich.

Der nicht geschlossene Bogen

Stellen Sie sich vor, jemand stellt Ihnen in einer größeren Runde die peinliche Frage: »Wen in dieser Runde finden Sie unsympathisch?« Weil Ihnen die Frage zu indiskret ist und Sie sie deplatziert finden, möchten Sie den Fragenden mit einer schlagfertigen Antwort abblocken. Erste Möglichkeit: »Ich finde Sie unsympathisch.« Oder zweite Möglichkeit: »Sie haben Mut, so was zu fragen.«

Die zweite Antwort wirkt viel schlagfertiger. Warum? Weil der gedankliche Bogen, den der Zuhörer schließen muss, größer ist. Die Aussage ist im Endeffekt dieselbe wie bei der ersten Erwiderung, aber man kommt erst durch Weiterdenken drauf. Es wird nur indirekt ausgedrückt, dass der andere selbst der Unsympathische ist. Allgemein gilt: Je größer der gedankliche Bogen bei einer Antwort ist, umso schlagfertiger und witziger wirkt sie.

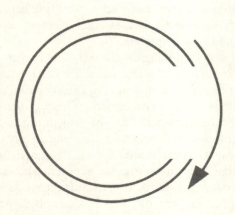

Der nicht geschlossene Bogen überlässt es dem Zuhörer, den Gedanken selbst zu Ende zu denken. Dadurch wird die Aussage witziger.

Fordern Sie Ihre Zuhörer heraus

Fällt der gedankliche Bogen zu kurz aus, kommt es zu eher plumpen Antworten. Der Zuhörer muss keine eigenen Schlussfolgerungen ziehen. Die Botschaft kommt direkt an – und wirkt daher langweilig.

Ein anderes Beispiel: »Du hast aber lange telefoniert!« – Eine langweilige Antwort ohne offenen gedanklichen Bogen wäre: »Ja, aber wir hatten uns so viel zu erzählen.« So entkräften Sie weder eine mögliche Kritik, noch halten Sie Ihr Gegenüber auf Abstand. Eine witzigere Antwort kann so aussehen: »Es gibt noch Leute, mit denen man reden kann.« Als Zuhörer muss man ergänzen: »Du gehörst nicht dazu.«

> **Tipp**
> Je größer der gedankliche Bogen ist, den Ihr Zuhörer selbst schließen muss, desto schlagfertiger wirkt Ihre Antwort.

Die absurde Situation

Sie haben schon beim gedanklichen Bogen gesehen, dass eine schlagfertige Antwort selten etwas mit Vernunft zu tun hat. Stattdessen handelt es sich meistens um Übertreibungen oder regelrechten Unsinn. So ist es auch bei der absurden Situation, dem zweiten Grundprinzip der Schlagfertigkeit. Mit einer schlagfertigen Reaktion bringen Sie zwei Welten zusammen: Ihre reale Welt und eine absurde Welt – mit ganz anderen Gesetzen. Bleiben wir beim Telefonieren. Im obigen Beispiel haben wir gesehen, dass Sie mit einem weiten gedanklichen Bogen die Lacher auf Ihrer Seite haben. Ebenso effektiv sind Antworten, die die benannte Situation ad absurdum führen. So könnten Sie auf den Vorwurf des langen Telefonierens antworten: »Und noch dazu war ich falsch verbunden!«

Nonsens macht Sinn

Mit der absurden Situation beschreiben Sie in Ihrer Antwort eine möglichst weit hergeholte Situation. Sie entkräftet den verbalen Angriff durch den von Ihnen hergestellten absurden Rahmen und dies führt meist zu einem Lacher.

»Ihre Frisur sieht ja aus, als hätte 'ne Bombe eingeschlagen.« »Sie täuschen sich, das war eine Panzerfaust.«

Mit dieser Antwort katapultieren Sie den bildhaften Vorwurf in eine noch absurdere Situation. Dadurch zerplatzt der Vorwurf in einem Witz.

> **Tipp**
>
> Das Prinzip der absurden Situation zu nutzen bedeutet nichts anderes, als sich zu trauen, ein Nonsens-Szenario zu entwerfen.

GUT EINSTECKEN –
NOCH BESSER AUSTEILEN

Gut einstecken – noch besser austeilen

»Können Sie Kritik vertragen?« – Auf diese Frage kann wohl kaum jemand ehrlich mit einem laut vernehmlichen »Ja!« antworten. Jeden von uns kränkt es im ersten Moment, wenn er – ganz gleich, ob zu Recht oder zu Unrecht – von anderen kritisiert wird. Nicht umsonst heißt es »Kritik einstecken«. Man kann sie nicht ohne weiteres wieder loswerden oder abschütteln, sondern muss lernen, sie umzumünzen. Was Sie allerdings tun können, ist, nichts zu persönlich zu nehmen.

Auch in diesem Gesprächsfeld reagieren Frauen vielfach defensiver als Männer. Sie neigen sogar oft dazu, selbst an ungerechtfertigter Kritik noch ein Fünkchen Wahrheit zu finden. Sie bewerten sich selbst negativ. Damit soll ab heute Schluss sein!

Schwachen Sprüchen cool begegnen

Es gibt dumme Sprüche, die brauchen Sie sich nicht gefallen zu lassen, aber es gibt auch Kritik, die inhaltlich einen wahren Kern hat. Kritik brauchen Sie immer nur dann zu akzeptieren, wenn sie von einem Menschen kommt, der Sie ansonsten schätzt und respektiert. Kritik von jemandem hingegen, der Sie persönlich ablehnt, müssen Sie nicht annehmen. Denken Sie selbst bitte auch immer daran, wenn Sie Kritik austeilen, dass Sie immer sachlich bleiben sollten. Was Sie stört, ist niemals der Mensch an sich, es ist immer nur sein Verhalten. Lassen Sie das den anderen wissen.

Raus aus der Rechtfertigungsschiene

Gehören Sie zu denjenigen, die sich sofort auf jeden Anwurf hin rechtfertigen, nach dem Motto: »Aber ... « oder »Ich wollte doch nur ... «, dann streichen Sie diese Einleitung künftig aus Ihrem Sprachschatz. Selbst bei konstruktiver Kritik sollten Sie sich nicht rechtfertigen. Sie begeben sich sonst in die Rolle der Unterlegenen. Das ist auch dann nicht nötig, wenn Sie tatsächlich einen Fehler gemacht haben! Dazu können Sie stehen, ohne sich zu unterwerfen: »Hier ist wohl was schief gelaufen. Wir werden es noch diese Woche ausbessern.«

So entkräften Sie Kritik

Jetzt lernen Sie eine genial einfache Methode kennen, wie Sie praktisch jeden Vorwurf zurückschmettern können. Es reichen zwei schlichte Worte: »Nein, falsch.« Das trifft immer, denn niemand möchte etwas Falsches sagen oder tun. Der Angreifer wird durch diese Antwort meist völlig überrascht. Sie treffen mit diesen Worten nicht nur sofort Ihr Gegenüber, sondern schaffen auch für eventuelle Zuhörer sofort klare Verhältnisse:

Der Trick ist ganz einfach: Sie weisen die Anschuldigung kategorisch zurück, indem Sie inhaltlich einfach das Gegenteil dessen behaupten, was der andere Ihnen vorwirft.

»Sie haben mir nicht die Wahrheit gesagt.« – »Nein, falsch! Ich sage grundsätzlich die Wahrheit.«

»Dieses Projekt haben Sie völlig vermasselt.« – »Nein, falsch, an dem Projekt habe ich sorgfältig gearbeitet.«

Wenn Sie eine etwas höflichere Variante zur Abwertung einer Kritik benötigen, benutzen Sie die Wendung »Sie täuschen sich« oder »Sie irren sich«. Das gibt dem anderen die Gelegenheit, sein Urteil noch einmal zu überdenken, stellt aber trotzdem die Verhältnisse klar.

»Sie haben mir die falschen Unterlagen gegeben.« – »Sie irren sich. Ich habe Ihnen die richtigen Unterlagen zukommen lassen.«

»Sie haben die Werbeagentur nicht richtig gebrieft.« – »Sie täuschen sich. Die Damen und Herren haben alle wichtigen Informationen erhalten.«

Zeit gewinnen mit der Denkpause

Wenn Sie zu Unrecht kritisiert werden, so gibt es eine Methode, eine Denkpause zu gewinnen und trotzdem nicht sprachlos zu bleiben: Wiederholen Sie einfach mechanisch den Vorwurf des anderen. Dabei benutzen Sie als Einleitung eine Formulierung, die den Vorwurf als seine Meinung beschreibt, zum Beispiel »Ihrer Ansicht nach« oder »Sie meinen«. Mit diesem rhetorischen Kniff sind Sie erst einmal aus der Schusslinie und gewinnen Zeit.

»Ich verstehe. Sie meinen also, ich hätte das Ticket falsch gebucht.«

»Ihrer Ansicht nach habe ich also den falschen Termin mit Herrn Huber ausgemacht.«

»Ich verstehe, du denkst, ich hätte das mit Absicht getan.«

Nutzen Sie die Macht der Zustimmung

Die folgende Technik ist besonders dann vorteilhaft, wenn Sie in einer Situation kritisiert werden, in der noch andere Menschen anwesend sind und mithören. Aber auch unter vier Augen lässt sie sich gut einsetzen. Sie nutzen dabei das Überraschungsprinzip – ein unverzichtbares Instrument der Schlagfertigkeit.

Ein Kritiker erwartet immer, dass Sie sich entweder verteidigen und rechtfertigen oder impulsiv mit Abwehr reagieren. Enttäuschen Sie diese Erwartungshaltung und servieren Sie ihm oder ihr eine Überraschung, die er (oder sie) nicht erwartet hat: Geben Sie Ihre volle Zustimmung! Damit lassen Sie den Angreifer ins Leere laufen.

»Na, über Weihnachten ein paar Pfunde zugelegt?« – »Klar, wie immer. Und Sie?«

»Du bist vielleicht eine Pflaume.« – »Stimmt, weiche Schale, harter Kern.«

»Sie sind auch nur eine dieser hysterischen Frauen.« – »Na klar. Was dachten Sie denn?«

»Sie kommen jeden Morgen eine Viertelstunde zu spät!« »Aber sicher.«

»Du hast aber viele Pickel.« – »Gut beobachtet.«

»Ihr Auto pfeift ja aus dem letzten Loch.« – »Was Sie nicht sagen.«

> **Tipp**
>
> Wenn Sie überraschenderweise zu einem Vorwurf stehen, sind Sie nicht mehr angreifbar. Sie verweigern dem anderen dadurch, seine Werteordnung anzunehmen. Schlagfertige Bemerkungen und Witze beinhalten immer das Überraschungsmoment. Je gelungener die Überraschung, desto schlagfertiger wirkt das Gesagte.

Stehen Sie zu sich

Sie werden beobachten, dass Sie Gespräche mit dieser Technik auf eine ganz andere Ebene ziehen. Ganz gleich, um welche Eigenheiten es geht. Wenn Sie zustimmen anstatt zu widersprechen, zwingen Sie Ihren Gesprächspartner zu mehr Distanz – und zum Nachdenken. Stehen

Sie dazu, was man Ihnen vorwirft. Und schämen Sie sich vor allem nicht für Dinge, für die Sie sich nicht zu schämen brauchen. Sobald Sie nicht mehr annehmen, was der andere als schlecht an Ihnen einstuft, ist für ihn die Angriffsfläche verloren und er läuft ins Leere.

»Sagen Sie einmal, hören Sie schlecht?« – »Ja, mein Hörgerät war im Moment ausgeschaltet.«

»Na, Frau Müller, schon wieder einen neuen Freund?« – »Ja, und der ist noch süßer als der letzte.«

»Sie lassen wohl nie jemanden ausreden.« – »Ja, richtig.«

»Sie sind eben eine Ausländerin.« – »Daran werden Sie sich gewöhnen müssen.«

»Sie sind ganz schön mager geworden.« – »Stimmt, ich bin schlank.«

»Du denkst immer nur an dich.« – An wen denn sonst?«

Auch hier spielt Ihre innere Haltung die Hauptrolle. Rechtfertigungen bringen bei Vorwürfen überhaupt nichts, Sie können ja an der ursprünglichen Situation auch nichts ändern. Stehen Sie zu sich, so wie Sie sind, und finden Sie sich gut!

> **Tipp**
>
> Entwaffnende Standardantworten für Vorwürfe, die Sie durch Zustimmung zerplatzen lassen wollen, können folgendermaßen lauten: »Stimmt genau!«, »Na klar, was dachten Sie denn?« oder »Was Sie nicht sagen!«

Im Zweifelsfall: Aufstehen und Flagge zeigen

Je übler der Tonfall, in dem man Sie angreift, desto schwieriger ist es, gekonnt zu kontern. Versuchen Sie es im Zweifelsfall mit einem Erfolgstrick, der auch auf die passenden körpersprachlichen Signale baut.

Ihr Chef schreit Sie beispielsweise in einem Meeting an: »Ja, sind Sie jetzt völlig blöd?!« Dann atmen Sie kurz ganz tief durch, schauen Sie ihm direkt in die Augen, stehen Sie auf, gehen sogar einen Schritt auf ihn zu und sagen ruhig und für alle Anwesenden gut verständlich: »Achten Sie bitte auf Ihre Worte und wenden Sie sich erst wieder an mich, wenn Sie den richtigen Ton gefunden haben. Danke!« Anschließend setzen Sie sich.

Durch Ihre Aktion und das Aufstehen oder Nähertreten haben Sie eine körpersprachliche Attacke signalisiert. Sie fühlen sich nicht mehr als Gedemütigte, sondern als Gleiche und Sie haben vor allen Dingen Ihre Position sichtbar klargestellt. Zum Schluss brechen Sie dann den Blickkontakt mit ihm ab oder wenden sich ganz ab. Damit haben Sie das Gespräch beendet und nicht Ihr Angreifer.

Eine andere Situation, in der Sie selbstbewusst reagieren sollten: Im Büro fällt Ihnen unangenehm auf, dass Ihr Chef Sie immer häufiger wie zufällig berührt und immer öfter seine Hand bei Ihnen lässt. Auch hier müssen Sie ganz klar Ihre Frau stehen: Stehen Sie bei so einer Gelegenheit auf schauen ihm in die Augen und sagen betont ruhig und emotionslos: »Das stört mich. Bitte lassen Sie das. – Danke.«

Elegant und witzig zum Gegenangriff

Wie oft kommt es vor, dass jemand Sie angreift und Sie im ersten Augenblick so wütend sind, dass Ihnen keine passende Antwort einfällt.

Jetzt zeige ich Ihnen, wie Sie schlagfertig reagieren, wenn Ihre Souveränität ins Wanken geraten ist. Ich nenne diese Technik der schlagfertigen Unterstellung den »versteckten Gegenangriff«. Dabei lassen Sie Ihren Angreifer in einem möglichst ungünstigen Licht erscheinen. Das erreichen Sie, indem Sie ihm etwas unterstellen. Je weiter hergeholt und je absurder Ihre Unterstellung ist, desto schlagfertiger wirken Sie. Greifen Sie dazu einen Teil aus dem Vorwurf auf, der Ihnen gemacht wurde, und bauen Sie ihn in Ihre Antwort mit ein. Nach dem Prinzip des nicht geschlossenen Bogens formulieren Sie diese Antwort nicht direkt, sondern so, dass der Angreifer und die übrigen Zuhörer von selbst darauf kommen müssen.

Mit dem versteckten Gegenangriff nach vorne kommen

Im Wiener Parlament hat ÖVP-Nationalrat Paul Burgstaller der grünen Justizsprecherin Theresija Stoisits zugerufen, als diese mit dem Mikrofon nicht zurechtkam: »In den Mund nehmen und fest daran lutschen!« Frau Stoisits war sprachlos und perplex. Ein Konter hätte so aussehen können: »Nein, Herr Burgstaller – die Lupe nehmen und schauen, ob bei Ihnen noch Resthirn da ist!« – Und sie hätte die Lacher auf Ihrer Seite gehabt. Es gibt gewisse Situationen, bei denen es am angebrachtesten ist, den Angreifer mit gleichen Mitteln zu schlagen und ihn genauso schlecht aussehen zu lassen wie er Sie.

Das ist das Wesen der Schlagfertigkeit, wenn man es vom Wortstamm her betrachtet. Schlag-Fertigkeit. Das ist trainierbar und das wollen wir jetzt tun. Lesen Sie sich bitte die folgenden Beispiele durch, halten Sie die Antwort zu und überlegen Sie sich zunächst selbst passende »versteckte Gegenangriffe«.

Angriff: »Was ist denn das für ein Unsinn!«
Konter: »Ich habe mich nur an Ihre Anweisungen gehalten.«
Angriff: »Sie haben die Strukturen offensichtlich noch nicht durchschaut.«
Konter: »Wo es nichts gibt, kann man nichts durchschauen.«
Angriff: »Deine Kosmetikerin ist wohl im Urlaub.«
Konter: »Dein Schönheitschirurg ist wohl auf Weltreise.«
Angriff: »Du solltest wieder mal zum Friseur.«
Konter: »Wieso, ich war doch gerade bei deinem.«
Angriff: »Wollen oder können Sie nicht besser?«
Konter: »Was besser ist, kann nur jemand mit Niveau entscheiden.«
Angriff: »Sie gehören doch in die Irrenanstalt.«
Konter: »Da können wir ja 'ne Zelle teilen.«
Angriff: »Du schreibst wie ein Ferkel.«
Konter: »Weil ich weiß, wer es liest.«
Angriff: »Sie sind blond, soll ich langsamer reden?«
Konter: »Noch langsamer, Herr Maier?«
Angriff: »Sie haben einen schrecklichen Geschmack.«
Konter: »Deswegen sitze ich mit Ihnen hier.«
Angriff: »Ihre Bemerkungen sind billig.«
Konter: »Ja, sie passen sehr gut zu Ihrem Parfum.«
Angriff: »Wie sehen Sie denn aus?«
Konter: »Immer noch besser als Sie.«

> **Tipp**
>
> Konstruieren Sie für Ihren »versteckten Gegenangriff«
> ein absurdes Szenario. Es muss nichts mit den tatsächlichen Gegebenheiten zu tun haben. Behalten Sie dabei
> nur Ihr Ziel im Auge: Ihren Angreifer elegant in ein
> schlechtes Licht zu rücken.

Schlechte Anmache im Keim ersticken

Nehmen wir an, Sie fahren mit Ihrer Firma zu einer drei Tage dauernden Geschäftssitzung in ein Hotel in einer weit entfernten Stadt. Die Mehrheit sind Männer, Sie sind eine der wenigen Frauen. Abends nach den Vorträgen und den Geschäftsbesprechungen geht man zum »gemütlichen Teil des Abends« über. Unter regem Alkoholzuspruch lösen sich jetzt die Zungen einiger Männer und so manch braver Familienvater entpuppt sich nun als spätberufener Möchtegern-Casanova, der in Ihrer Gegenwart kaum getarnte anzügliche Bemerkungen über Sie macht. Das alles natürlich im bewusst lustig gehaltenen Ton: »Ich komme dann nach Mitternacht zu dir das Hemd tauschen.« Oder ein anderer sagt zu seinem Kollegen so, dass Sie es hören müssen: »Wenn ich dann mit ihr fertig bin, kannst du ja zu ihr. Du hörst schon, wenn ich fertig bin.« Oder: »Sie ist die einzige, die noch keine Kinder hat, nach dem Meeting ist das auch vorbei.«

Wenn Sie solche Bemerkungen zu hören bekommen, so empfehle ich Ihnen, massiv in die Offensive zu gehen. Jemand spricht Sie beispielsweise an, als Sie mit Ihrer Freundin unterwegs sind: »Ihr zwei seid wohl lesbisch?« Erwidern Sie: »Das wäre bei einem wie dir die einzige Alternative.«

Schalten Sie bei Ihrer Erwiderung einen Gang nach oben und geben Sie eine Antwort, die die Anzüglichkeit an Schärfe übertrifft. Hier eine Auswahl an Antwortmöglichkeiten:

»Mit gegerbter Haut habe ich keine Lust meinen Abend zu verbringen.«

»Meine Mutter hat immer gesagt, mit einem Jammerlappen soll ich nichts anfangen. Daran will ich mich auch halten.«

»Wissen Sie, ich habe heute schon Fischsuppe gegessen, ich möchte nicht, dass mein Zimmer danach stinkt.«

Vielleicht halten Sie das für geschmacklos und für unter Ihrem Niveau. Doch auf einen groben Klotz gehört leider ein grober Keil. Und bedenken Sie, dass unter Alkoholeinfluss die Sensibilität für feinfühlige Andeutungen ganz massiv eingeschränkt ist.

Falls die Männer nicht alkoholisiert sind, so wirkt auch eine maßvollere Standardantwort, bei der sich schon viele Männer zurückziehen. Sagen Sie ganz einfach: »Männer, die bellen, beißen nicht.«

Mit übertriebener Zustimmung ins Leere laufen lassen

Eine besonders effiziente Form, auf Kritik zu reagieren, bietet die Technik der »übertriebenen Zustimmung«. Sie gehört zur Erwiderungsfertigkeit und basiert auf dem Grundprinzip der absurden Situation. Die »übertriebene Zustimmung« ist universell bei jeder Art von verbalen Angriffen einsetzbar. Der Trick ist relativ einfach. Kommt ein verbaler Angriff auf Sie zu, schlagen Sie nicht in dieselbe Bresche, sondern machen genau das Gegenteil von dem, was man jetzt von Ihnen erwartet: Sie gehen auf die Attacke ein, stimmen ihr zu – und übertreiben sie ins Maßlose.

Die übertriebene Zustimmung

Eine Trainerkollegin von mir erzählte mir eine Geschichte, wie sie mit der Technik der übertriebenen Zustimmung ein Seminar retten konnte. Sie war einmal für ein Firmenseminar engagiert, bei dem als Teilnehmer nur Männer anwesend waren. Die Trainerkollegin war knapp über 30 Jahre alt, wohingegen die teilnehmenden Männer größtenteils älter waren. Nun bildeten sich in dieser Runde einige wenige Verweigerer, die es nicht verwinden konnten, von einer Frau, und dazu noch von einer jüngeren, etwas beigebracht zu bekommen. Mit provozierend eingestreuten Fragen, die nur die Funktion hatten sie bloßzustellen, und einer ablehnenden Körperhaltung signalisierten sie ihr ihre Missbilligung. In der Kaffeepause spitzte sich dann die Situation zu. Einem dieser Teilnehmer war der Knopf am Jackett abgegangen, und er fragte sie provozierend vor versammelter Mannschaft: »Haben Sie zufällig Nadel und Faden dabei und könnten mir den Knopf bitte wieder annähen?« Darauf erwiderte sie cool: »Na klar, ich hab sogar eine Waschmaschine und ein Bügelbrett im Kofferraum.« Riesengelächter beim Rest der Teilnehmer, und von da an hatte Sie für den Rest des Seminars Ruhe.

Der Trick ist folgender:

Stimmen Sie einer Kritik oder einem Vorwurf nicht nur zu, sondern machen Sie noch mehr daraus. Das führt bei den meisten zu Sprachlosigkeit oder – besonders in größerer Runde – zu einem Lacher.

Wenn Ihre Kollegin bemerkt: »Auweia, Sie haben ja einen ganz schönen Fettfleck auf der Bluse«, dann versuchen Sie doch mal die Antwort »Stimmt, ich habe sie in die Friteuse getunkt.« Und wenn liebe Freunde anmerken: »Du wirst immer arroganter«, machen Sie eine lange Pause, ziehen die Augenbrauen hoch und antworten: »Ihr hättet mich mal gestern sehen sollen.«

> **Tipp**
>
> Das Grundprinzip bei diesen Antworten ist immer gleich. Im Geist formulieren Sie den Satz: »Ja, stimmt ...« Nur bauen Sie diesen Satz jetzt weiter aus. »Es stimmt nicht nur, sondern ist sogar so und so ...« Dabei überziehen Sie den Bogen völlig, so gelingt Ihnen die perfekte schlagfertige Antwort.

Zustimmen: Je absurder, umso besser

Um witzige Antworten mit der übertriebenen Zustimmung zu finden, kann man überlegen, welches absurde Szenario man auf den Vorwurf übertragen könnte. Nachfolgend einige Beispiele.

»Ihre Frisur sieht aus wie die auf dem Hochzeitsfoto meiner Großmutter.« – »Nein, das ist die Frisur von Ötzi.«

»Ihre Schuhe sehen ja ziemlich billig aus.« – »Ich muss schon bitten, das sind meine teuersten.«

»Fällt Ihnen eigentlich auf, dass Sie schon wieder dasselbe anhaben.« – »Aber ja, ich schlafe sogar damit.«

»Autofahren kannst du aber auch nicht.« – »Ja, ich habe auch erst kürzlich entdeckt, wo das Zündschloss ist.«

»Haben Sie überhaupt jemals eine Schule besucht?« – »Zehn Jahre, aber alle in der ersten Klasse.«

»Ist Ihnen schon einmal aufgefallen, wie unweiblich Sie sich benehmen?« – »Sie verwechseln mich, ich bin ein Mann.«

»Sie haben aber eine ganz schöne Unordnung vor dem Haus.« -
»Absichtlich, wir vermieten an die Regierung – für die neuen Atomtests.«

Der absurde Beruf

Die Erfindung einer völlig absurden beruflichen oder nebenberuflichen Beschäftigung gehört ebenfalls zur Technik der übertriebenen Zustimmung. Hängen Sie sie an den Satz »Wussten Sie nicht, dass ich als ... arbeite?« oder »Ja, in meinem letzten Leben war ich ... «
Einige Beispiele:

»Ich glaube, du hast zugenommen.« – »Stimmt, ich arbeite als Heißluftballon!«
»Du wirst ja immer rot.« – »Kürzlich blieben an der Kreuzung sogar die Autos stehen!«
»Sie sehen so alt aus.« – »In meiner Freizeit arbeite ich als Mumie!«
»Du bist immer so lustlos.« – »In meinem letzten Leben war ich eine Valiumtablette.«
»Sie reden ununterbrochen.« – »Stimmt, ich hab ein Engagement als Zeitansager.«

Der schlimmere Vergleich

Eine einfache Art, um mit der übertriebenen Zustimmung Antworten zu finden, ist, den Vorwurf mit eigenem schlimmerem Verhalten zu vergleichen. Vom Prinzip sagen Sie in etwa: »Sie müssten mich erst mal ... « oder »Normalerweise ... «

»Das Essen ist schon wieder angebrannt.« – »Warte erst einmal auf den Nachtisch.«

»Bei Ihnen war ja gestern Abend der Teufel los.« – »Sie hätten mal am Morgen da sein sollen!«

»Du hast ja Haare an den Beinen!« – »Du solltest erst mal meinen Rücken sehen.«

»Das Jackett passt ja überhaupt nicht zu deinem Rock.« »Aber sehr gut zu dem Müllsack, den ich sonst immer trage.«

»Sie sind heute morgen wieder zu spät gekommen.« – »Normalerweise komme ich erst kurz vor Feierabend.«

»Seien Sie doch nicht so aggressiv!« – »Sie hätten mich mal gestern sehen sollen.«

»Du hast ja deine Fingernägel abgekaut!« – »Sie sollten erst mal meine Fußnägel sehen.«

Tötende Blicke zwischen Frauen

Dies ist ein Phänomen, das es fast ausschließlich unter Frauen gibt. Nehmen wir einmal ein typisches Beispiel. Sie stehen bei einer Party und bemerken, dass eine andere Frau Sie giftig mustert.

Kennen Sie die Situation? Viele werden sagen: »Ja, die kenne ich.« Ich möchte Sie an dieser Stelle aber auch darauf aufmerksam machen, dass Sie in der Vergangenheit vielleicht auch als Täterin eines solchen »Straf-Blickes« aufgetreten sind. Daher können Sie wahrscheinlich gut erahnen, was solche Blicke bedeuten: Die Frau möchte Ihnen zeigen, dass Sie in ihren Augen nicht okay sind. Und sie möchte, dass Sie ihren abfälligen Blick auch bemerken. Sie hat allerdings nicht den Mut, Sie anzusprechen. Sie will Ihnen im Prinzip eine Auswahl aus folgenden Botschaften mitteilen:

»Du siehst unmöglich aus.«
»Du verhältst dich nicht so, wie es sich gehört.«

»Keiner mag dich, du hast dich daneben benommen. Ich zeig dir's als erste.«

»Du bist arrogant und hochnäsig und du sollst merken, wie andere dich deswegen nicht mögen.«

Wenn Sie einen solchen Blick verspüren, der Sie in die Opferrolle drängen will, gibt es ein schlagfertiges Mittel. Drehen Sie sich zu ihr hin, gehen Sie mit direktem Augenkontakt auf sie zu und machen Sie freundlich eine Aussage mit einer anschließenden Frage dahinter: »Sie haben ein Problem mit mir. Was ist es?« Lesen Sie hierzu auch den Abschnitt über Feststellungsfragen (»So steuern Sie Ihre Gesprächspartner«, Seite 96 ff.).

Sie werden natürlich aus ihrem Mund niemals die Wahrheit hören. Es braucht Sie auch nicht zu interessieren. Sie wissen im Prinzip ja selbst, was so ein Blick bedeutet. Aber Sie haben auf diese Weise dafür gesorgt, dass es mit den aufdringlichen Blicken ein Ende hat. Sie haben sich behauptet. Vielleicht ertappen Sie sich in Zukunft dabei, wie Sie selbst so einen Strafblick verteilen. Mein Tipp: Lassen Sie's.

Grenzen setzen bei versteckten Vorwürfen

Neben den offenen Angriffen gibt es eine andere Kategorie, die noch schlimmer ist: Es sind die versteckten Angriffe, die subtil daherkommen und die schwieriger zu handhaben sind als die direkten. Eine sehr weibliche Art des Angriffs im Übrigen. Das Problem dabei ist, dass Sie als Angegriffene keine direkte Handhabe gegen den Angreifer haben. Die eigentliche Attacke konnten Sie nämlich nur in der Unterbotschaft heraushören. »Ach, Sie sind noch nicht verheiratet?«

Ein sehr wirkungsvolles Gegenmittel ist es, die versteckten Vorwürfe auf den Punkt zu bringen und sie dem Gegenüber in der Hässlichkeit zu präsentieren, die er selbst nicht gewagt hat auszusprechen. Das stellt Dinge sofort klar, Sie setzen eindeutige Grenzen und lassen sich nicht vom anderen in die Opferrolle drängen. Auf den oben geschilderten Angriff könnten Sie etwa erwidern: »Sie wollen damit sagen, dass ich so hässlich und uninteressant bin, dass mich kein Mann haben will. Ist das so?«

Beispiele für indirekte Kritik

Nachfolgend zwei Beispiele, wo ebenfalls dieses Prinzip angewandt wird. Der Vorwurf kommt nicht direkt, Sie aber entlarven ihn durch Ihre Erwiderung als einen massiven Vorwurf. Der Chef mit einem vielsagenden Blick auf die Uhr: »Guten Morgen.« – »Sie wollen mir sagen, dass ich wieder mal zu spät gekommen bin und dass ich eine unzuverlässige Mitarbeiterin bin, die ihr Gehalt nicht wert ist. Stimmt das?« Oder der Kollege, der mit gepresster Stimme erklärt: »Wie ich dir schon mal erklärt habe ... « – »Du meinst also, ich bin zu blöd, um das zu kapieren, weil man mir alles hundertmal erklären muss.«

Werden Sie deutlich

Ein verkleideter Vorwurf wird dann zum Bumerang, wenn Sie ihn deutlich aussprechen und auch noch überzeichnen. So erreichen Sie fast immer, dass der andere versucht, sich zu entschuldigen oder seine Aussage zurückzunehmen. Diese Technik wirkt zwar im ersten Moment schockierend, führt aber in der Regel zum gewünschten Erfolg. Unterschwellige Vorwürfe werden so an die Oberfläche geholt.

Holen Sie die Hintergedanken ans Licht

Um beim Angreifer das Gefühl zu steigern, dass er bei seinen hintersten Gedanken ertappt wurde, wenden wir einen psychologischen Trick an: Wir hängen an die Erwiderung eine negative Übersteigerung an. Wir machen uns noch schlechter, als wir in seinen Gedanken waren. Psychologisch passiert folgendes: Der dezente Ursprungsvorwurf wird mit einer überzogenen Ergänzung zu einem Gesamtpaket geschnürt. Jetzt hat der arme Angreifer nur die Möglichkeit, zum ganzen Paket zu stehen oder das ganze Paket zurückzunehmen. Damit steht er jetzt unter großem Druck, sogar unsere Verteidigung zu übernehmen.

»Das kann ich nicht glauben!« – »Sie wollen sagen, dass ich ein Lügner bin.«

»Warum schreiben Sie nicht auf, was wir gerade beredet haben?« – »Sie wollen damit sagen, dass ich mir nichts merken kann und ein Mitarbeiter zweiter Klasse bin.«

Ein Kunde zur Programmiererin bei der Inbetriebnahme eines Software-Programms: »Schauen Sie doch, Frau Zimmermann, es funktioniert nicht!« – »Sie wollen sagen, dass das Programm Schrott ist und ich als Programmiererin eine Versagerin bin.«

Nachdem Sie einer Kollegin gegenüber erwähnt haben, dass Sie am Telefon von der Rezeptionistin immer fürchterlich unfreundlich abgefertigt werden, sagt sie: »Also, das kann ich überhaupt nicht sagen, wenn ich dran bin, ist die Rezeptionistin immer wahnsinnig freundlich.« – »Du willst also damit sagen, dass es an meiner unsympathischen Art liegt, dass man mit mir einfach unfreundlich sein muss. Wohingegen du bei allen Menschen beliebt bist. Ist das so?«

Ihr Chef kommentiert ironisch die Fülle von Papierstapeln auf Ihrem Schreibtisch: »Sie haben sicher noch den Überblick ... « – »Sie wollen sagen, dass ich hier einen Sauhaufen habe, für den man sich schämen muss.«

»Ah, ist der Brief noch nicht fertig?« – »Sie wollen mir sagen, dass ich meine Zeit mit Faulenzen und unnützen Dingen verbringe.«

Ein hilfreicher Kollege erklärt Ihnen, nachdem Sie vergeblich versucht haben, Ihren Computer wieder zum Laufen zu bringen: »Das ist im Prinzip ganz einfach.« – Sie entgegnen: »Sie wollen mir sagen, wer das Programm nicht starten kann, ist beschränkt.«

> **Tipp**
>
> Standardantworten für diese Methode, die ich auch »die Keule auspacken« nenne, lauten: »Sie wollen damit sagen, dass ich dumm hin.« oder »Du willst damit sagen, dass ich eine Versagerin bin.«

Schlaue Antworten auf Vorwürfe und Attacken

Alle Techniken, die ich Ihnen jetzt vorstelle, helfen Ihnen dabei, sich vom Angreifer nicht die Rolle zuweisen zu lassen, die er oder sie Ihnen zuweisen will. Sie bekommen einen Fächer an tollen Möglichkeiten zur Auswahl, aus dem Sie sich dann die Methoden aussuchen können, die am besten zu Ihrer Person passen.

Weisen Sie Angriffe kategorisch zurück

Ex-Bundeskanzler Gerhard Schröder ist bekannt dafür, nicht gerade auf den Mund gefallen zu sein. Eine seiner Techniken der Erwiderungsfertigkeit, die sich in besonders aggressiven Gesprächssituationen effektiv nutzen lässt, ist das »kategorische Zurückweisen« eines Vorwurfs.

Nach seinem Sieg bei der Landtagswahl in Niedersachsen wurde Gerhard Schröder vom Fernsehen zu einem Interview gebeten. Der Reporter fragte ihn provozierend: »Die Schwierigkeiten zwischen Ihnen und der Partei fangen doch erst an. Wenn Sie Realist sind, müssen Sie das zugeben.« Schröder antwortete: »Das mag Ihre Wahrheit sein, das ist aber nicht die Wahrheit«. Im Anschluss erklärte er dann seelenruhig seine Sicht der Dinge.

Mit dieser Technik transportieren Sie ein großes Selbstwertgefühl. Mit dem »kategorischen Zurückweisen« geben Sie jeden Angriff sofort zurück, ohne überhaupt darauf eingehen zu müssen. Das Problem, das der andere mit Ihnen hat, bleibt gewissermaßen bei ihm. Und Sie lassen in Ihrer Antwort die Botschaft mitschwingen, dass Ihnen seine Meinung ganz gleichgültig ist.

Tipp

Um einen Vorwurf kategorisch zurückzuweisen, gibt es folgende Standardantworten:
»Sie täuschen sich.«
»Das ist Ihre Meinung.«
»Das sehen *Sie* so ...«
»Das finden Sie ...«

Machen Sie den Angriff zum Problem des Angreifers

Es gibt eine Methode, wie Sie jegliche Angriffe sehr einfach zerplatzen lassen können. Die Methode wirkt hart, hat aber eine große Wirkung. Sie machen nichts anderes, als den Vorwurf des Angreifers zu wiederholen, aber mit den einleitenden Worten: »Sie finden ... « und dann fügen Sie eine Antwort an im Stil von: »Tja, das ist Ihr Problem.« Vergessen Sie auch hier nicht, nach Ihrer Erwiderung den Blickkontakt zum Angreifer abzubrechen.

»Sie hören überhaupt nicht zu.« – »Sie finden also, ich höre Ihnen nicht zu. Pech für Sie.«

»Sie sind aber langsam!« »Sie finden, ich bin langsam. Tja, da kann man nichts machen.«

»Du bist ganz schön langweilig.« – »Du findest, dass ich langweilig bin. Das ist dein Problem.«

»Ihre Honorarvorstellungen sind doch vollkommen überzogen.« – »Sie finden, dass ich zu teuer bin. Da kann man nichts machen.«

»Sie gehen den Leuten hier langsam auf die Nerven.« – »Sie finden, ich gehe hier jemandem auf die Nerven. Das ist mir doch egal.«

»Ich finde, Sie sind wirklich das Allerletzte!« – »Das ist nun wirklich Ihr Problem.«

Münzen Sie Attacken um

Jedes Ding hat mindestens zwei Seiten. Den Umstand, dass man jede Meinung, jeden Tatbestand oder jeden Vorwurf von verschiedenen Gesichtspunkten aus betrachten kann, macht sich ein schlagfertiger Mensch gerne zunutze. Zunächst sollten Sie überlegen, wie Sie das Negative, das Ihnen bei einer Kritik oder bei einer beliebigen verbalen Attacke entgegenschlägt, positiv ummünzen können. Wir nennen diese Technik den »absurden Vorteil«, weil wir einen Vorteil oder Nutzen aus dem Angriff herausinterpretieren. In den folgenden Beispielen sehen Sie die praktische Umsetzung:

»Sie leben ja sehr beengt hier.« – »Ja, da habe ich es nicht so weit zum Kühlschrank.«

»Musst du immer den Chef spielen?« – »Da brauchen wir ihn wenigstens nicht zu holen.«

»Ich bin ja gespannt, wie Sie diesen Fehler wieder gutmachen wollen.« – »Wenn mir gekündigt wird, habe ich ja jede Menge Zeit, zu überlegen.«

»Das ist eine Schlamperei bei Ihnen!« – »Wer Ordnung hält, ist nur zu faul zum Suchen.«

»Du hast vielleicht Speckrollen!« – »Da geh ich beim Schwimmen nie unter, denn Fett schwimmt oben.«

Selbstverständlich können Sie einen Angriff auch so ummünzen, dass er zusätzlich Ihrem Gegenüber einen Denkzettel verpasst.

»Dich kann ja jeder Mann haben.« – »Wenigstens muss ich auf diese Weise nicht jeden Morgen dasselbe langweilige Gesicht sehen.«

»Sie leben ja sehr beengt hier.« – »Ja, deshalb haben Unsympathen auch keinen Zutritt.«

Tipp

Mit der Formulierung »Da ist wenigstens ...« gelingt es meist schnell, eine positive Erwiderung zu finden.

Begeben Sie sich auf eine höhere Ebene

Für alles, was Sie tun, sind und darstellen, gibt es eine übergeordnete Sicht. Dieses Phänomen nutzen wir für schlagfertige Erwiderungen aus. Nehmen wir an, Ihr Chef attackiert Sie mit den Worten: »Können Sie nicht ein bisschen schneller arbeiten?« Aufgrund diesen Vorwurfs überlegen Sie: »Welches übergeordnete Ziel könnte es für diese Arbeit geben?« Und daraus leiten Sie Ihre Antwort ab. Sie könnten etwa erwidern: »Wollen Sie nicht auch, dass die Arbeit ordentlich und gewissenhaft erledigt wird?«

Dagegen lässt sich kaum was sagen, weil dies auch für den Angreifer ein höheres Anliegen sein sollte. Oder ein anderes Beispiel: Ihr Partner fragt Sie mit kritischem Blick: »Wie viel hat denn das neue Kleid schon wieder gekostet?« Jetzt gehen Sie gar nicht auf die Details des Vorwurfs ein, sondern erwidern etwas, das einem höheren Ziel entspricht: »Es geht nicht darum, was das Kleid gekostet hat, sondern es geht darum, dass ich mich attraktiv fühle.« Hier sind noch weitere Beispiele:

»Willst du etwa in diesem fürchterlichen Kleid auf die Party bei Susanne gehen?« – »Ja – darin fühle ich mich richtig wohl. Und dann bin ich auch in guter Stimmung.«

»Na, Frau Müller, Sie sehen ja heute ziemlich unausgeschlafen aus.« – »Es geht nicht darum, ob ich unausgeschlafen aussehe, sondern dass wir heute ein erfolgreiches Meeting haben.«

»Fahr doch nicht so langsam!« – »Mir ist wichtig, dass wir sicher nach Hause kommen.«

»Das Wohnzimmer sah doch gut aus, warum hast du alles wieder umgestellt?« – »Es ist wichtig, dass sich die ganze Familie hier wohl fühlt.«

> **Tipp**
>
> Wenn jemand versucht, Sie mit Nebensächlichkeiten aus der Ruhe zu bringen, wechseln Sie auf eine höhere Ebene. Damit sind Sie unangreifbar.
> Sollte Ihnen jemand dumm kommen und Sie mit einem einzigen Schimpfwort »Idiotin«, »dumme Kuh« oder ähnliches betiteln, kontern Sie: »Angenehm, Huber (bzw. Ihr Nachname).«

Strikt verboten: das Wörtchen »weil«

Denken Sie bei jeder vorwurfsvollen Frage, die mit »warum« eingeleitet wird, daran, dass Sie ein positives Selbstwertgefühl in Ihre Antwort packen müssen. Vermeiden Sie aus diesem Grund alle Antwortsätze, die mit einem »weil« eingeleitet werden, denn mit dem Wörtchen »weil« leiten Sie eine Rechtfertigung ein. Und zu rechtfertigen brauchen Sie sich nicht.

»Warum sind Sie eigentlich noch Single?« – »Weil ich lieber alleine lebe.«

Jetzt vergleichen Sie diese Antwort mit dem aktiv formulierten: »Ich liebe es, allein zu leben.«

Sie sehen auf den ersten Blick, welche Antwort von beiden die selbstbewusstere und damit die bessere ist.

Hier noch einige Beispiele, wie Sie eine stärkere Wirkung auf vorwurfsvolle Warum-Fragen erzielen, indem Sie das Wörtchen »weil« ganz einfach weglassen:

»Warum haben Sie den Brief noch nicht fertig?« – »Ich erledige die Korrespondenz lieber am Nachmittag.«

»Warum hat sich dein Sohn die Haare grün färben lassen?« »Das harmoniert besser mit seinem Teint.«

> **Tipp**
>
> Geben Sie auf vorwurfsvolle »Warum« immer eine Aussage als Antwort. Lassen Sie auf jeden Fall das »Weil« weg.

Schlagfertig ohne »Wenn« und »Aber«

Wenn Sie mit einem Mitmenschen auf sachlicher oder versöhnlicher Ebene kommunizieren wollen, so streichen Sie das Wörtchen »aber« aus Ihrem Wortschatz. Jedem »aber« haftet etwas Unangenehmes und Unbequemes an. Das steckt in jedem von uns. Bei Ihrem Gegenüber kann es schon Widerstände auslösen, bevor Sie einen Satz überhaupt zu Ende gesprochen haben. Man spürt, nach dem »Aber« kommt eine Gegenposition, die mir nachweist, dass ich auf irgendeine Art nicht okay bin. Ersetzen Sie das »Aber« einfach durch eine andere Konstruktion.

Lesen Sie sich die folgenden Negativ- und Positiv-Beispiele durch und entscheiden Sie ganz intuitiv, was besser bei Ihnen ankommt:

»Ihre Meinung ist sehr interessant, aber im Grunde genommen ist das doch gar nicht Ihr Fachgebiet.«

Oder: »Ihre Meinung ist sehr interessant. Das bringt uns weiter. Fragen wir doch den Kollegen aus der Fachabteilung, was er rät.«

»Ich weiß, dass du gerne auf die Party möchtest, aber ich will nicht, dass du so spät nach Hause kommst.«

Oder: »Ich weiß, dass du gerne auf die Party möchtest, da sind ja deine ganzen Freunde. Ich habe nur ein Problem damit, dass du immer so spät nach Hause kommst.«

»Sicher sollten wir endlich unsere Hecke schneiden, aber mein Mann hat bisher noch keine Zeit gefunden.«

Oder: »Sicher sollten wir endlich unsere Hecke schneiden und das wird demnächst auch geschehen.«

So wehren Sie sich gegen Blondinenwitze

Wenn Sie zufällig eine blonde Frau sind, so ist es gut möglich, dass Sie vielleicht auch schon einmal eine Bemerkung folgender Art über sich ergehen lassen mussten: »Sie sind blond, soll ich langsamer reden?«

Wenn Sie, liebe Leserinnen, zu der Spezies Frau gehören, die häufig unter Blondinenwitzen zu leiden haben, dann empfehle ich Ihnen eine Strategie, die die Erzähler solcher Witze sehr schnell zum Schweigen bringt: Legen Sie sich ein Repertoire an Männer-Witzen zu und erzählen Sie so einen Witz als Erwiderung. Spätestens nach dem dritten Mal haben Sie garantiert für immer Ruhe. Die Männerwitze müssen allerdings derb sein, sonst haben Sie keine Chance. Hier sind drei zur Auswahl:

»Ein Mann geht mit einem Schwein spazieren und begegnet einer Frau. Die Frau fragt: Wo willst du denn mit dem Schwein hin? – Oh, wir gehen spazieren, sagt das Schwein.«

»Wenn ein Mann seine Frau aus dem Fenster wirft, für welche Zeitung ist das ein Thema? Für die *Bild-Zeitung*. Wenn eine Frau ihren Mann aus dem Fenster wirft, für welche Zeitung ist das ein Thema? Für *Schöner Wohnen!*«

»Was ist der Unterschied zwischen einem Stinktier und einem Mann? – Keiner.«

Meistertechniken der Schlagfertigkeit

Die Lust am Humor, an der Übertreibung und auch am Unsinn ist das Salz in der Suppe der Schlagfertigkeit. Deswegen erscheinen viele Techniken so witzig und spontan. Trotzdem: Sie sind nicht jedermanns und jeder Frau Sache. Und das muss auch gar nicht sein. Es gibt genügend andere rhetorische Kniffe, mit denen Sie Erfolg haben können. Sie gehören eher in den Bereich der seriösen Schlagfertigkeit, oder, wie ich sie nenne, in die »Business-Schlagfertigkeit«. In den folgenden Kapiteln zeige ich Ihnen jedoch zunächst einige Techniken, die in die witzige Alltagsschlagfertigkeit gehören.

Führen Sie absichtlich Missverständnisse herbei

Die nächste Methode ist die wohl schlagfertigste aller Witzfertigkeitstechniken. Denn hier begegnen sich Kreativität und Individualität. Frauen, die sie gut beherrschen, können jede Menge Punkte damit machen.

Das Muster des »absichtlichen Missverständnisses« verläuft wie folgt: Sie geben einer Aussage eine völlig andere Bedeutung als die, die sie ursprünglich hatte. Sie drücken also absichtlich ein Missverständnis aus, obwohl Sie genau verstanden haben, worum es geht. Ihr Zuhörer allerdings erhält eine Erwiderung, aus der er zunächst schließt, dass Ihr Begriffsvermögen eingeschränkt ist.

»Wie findest du eigentlich unseren neuen Chef?« – »Indem ich in sein Büro gehe.«

»Wechseln Sie bitte die Fahrbahn!« – »Kann ich nicht, ich habe gerade kein Kleingeld.«

»Hast du mit ihm geschlafen?« – »Nein, ich war nicht müde.«

»Stehst du neuerdings etwa auf Frank?« – »Nee, auf dem Fußboden.«

»Wo lassen Sie Ihr Auto warten?« – »Meistens auf dem Parkplatz.«

»Wie hat es dich denn in diese Stadt verschlagen?« – »Mit dem Auto.«

»Ich bin ein leidenschaftlicher Opernliebhaber.« – »Mir sind jüngere Männer lieber.«

»Eine Frau mit 30 sollte sich nicht so benehmen.« – »Dann habe ich ja Glück gehabt! Ich bin 31.«

> **Tipp**
>
> Beim »absichtlichen Missverständnis« verwirren Sie die Zuhörer mit einer Äußerung, die sie glauben lässt, dass Sie etwas nicht verstehen, was Sie in Wirklichkeit sehr wohl verstanden haben.

Dieses Muster können Sie ab sofort in jedem Gespräch üben. Prüfen Sie dabei, ob Sie nicht irgendetwas von dem Gesagten absichtlich falsch auffassen könnten. Das »absichtliche Missverständnis« eignet sich nicht nur für spontane humorvolle Bemerkungen, es ist sehr oft auch Grundlage für viele erzählte Witze. Schauen Sie mal aufmerksam Anke Engelke und Harald Schmidt zu, Sie werden erstaunt sein, wie oft Sie diesem Schema begegnen.

Wortverdreher mit Witz

Angenommen, Sie gehen zusammen mit einer Kollegin, mit der Sie sich gut verstehen, zur Post. Beim Verschnüren eines Paketes sagt sie: »Das Paket ist an der Seite zu dick.« – Sie erwidern schalkhaft: »So wie du.«

Diese freche Art des Reagierens auf Bemerkungen besteht darin, dass man das Gesagte überraschenderweise in einen neuen Zusammenhang setzt, indem man erwidert »Wie du!« oder »Im Gegensatz zu dir«. Damit kann man spontan bissige, witzige Bemerkungen machen. Sie drehen quasi dem anderen einfach das Wort im Mund herum. Achten Sie bei Ihren ersten Versuchen aber darauf, dass Sie die Bemerkungen gegenüber Kollegen machen, die Ihnen wohlgesonnen sind und einen Spaß verstehen können. Denn die Schlagfertigkeit bei dieser Methode liegt vor allem darin, dem anderen scherzhaft eine negative Eigenschaft zuzuordnen:

»Der Drucker spinnt schon wieder.« – »Genau wie du!«

»Dieses Softwareprogramm ist ja total überflüssig.« – »Wie unser Chef!«

»Draußen ist es mal wieder ganz schön kalt.« – »Wie deine Witze.«

»Das Gerät ist absolut zuverlässig.« – »Ganz im Gegensatz zu meinem Mann.«

»Der Pfirsich hat so eine samtige Haut« – »Im Gegensatz zu dir.«

»Die Folie ist etwas undurchsichtig.« – »Genau wie Ihre Rede.«

»Der Stil ist sehr modern.« – »Im Gegensatz zu deinen Ansichten.«

»Dieses Gerät nimmt alle Signale auf und gibt dann nichts mehr weiter.« – »So wie Ihre Abteilung.«

Wie Sie mit negativen Vergleichen umgehen

Ein häufig gewählter Angriff, um Ihr Selbstwertgefühl zu erschüttern, ist der negative Vergleich. Das ist nicht die feine Art, kommt aber leider häufiger vor, als man denkt.

Auch hier gilt es, Grenzen zu setzen und selbstbewusst zu bleiben. Nehmen Sie den Angriff auf und entkräften Sie ihn mit einer schematisierten Antwort. Sobald Ihnen jemand mit einem Negativvergleich kommt, bewundern Sie den Vergleichsgegenstand, der sich mit Ihnen vergleichen durfte. So signalisieren Sie ein gesundes Selbstbewusstsein und geben zu erkennen, dass jeder, der mit Ihnen verglichen wird, glücklich darüber sein kann.

Wenn Ihnen jemand sagt: »Sie benehmen sich ja wie ein Elefant im Porzellanladen«, erwidern Sie: »Da kennen Sie aber tolle Elefanten.«

Stichelt eine Freundin, mit der Sie zum Fitness-Training gehen: »Deine Oberschenkel sehen aus wie Würste«, sagen Sie zum Beispiel: »Das müssen aber Designer-Würste sein.«

Bemerkt Ihr Kursleiter: »Sie haben das Niveau eines Erstklässlers«, antworten Sie ihm: »Da kennen Sie aber geniale Erstklässler.«

Findet Ihr Besuch: »Bei Ihnen sieht's aus wie in einer Räuberhöhle«, entgegnen Sie: »Da kennen Sie aber noble Räuberhöhlen.«

> **Tipp**
>
> Eine Standardantwort für wenig schmeichelhafte Vergleiche lautet: »Da kennen Sie aber tolle, gute, schöne ...«

Lieber schlagfertig als mundfaul

Da sagt einer zu Ihnen: »Da sind Sie wohl etwas überfordert.« Sie geben zur Antwort: »Lieber etwas überfordert als vollkommen unterbelichtet.« Dahinter steckt ein Antwortmuster, das sehr weit verbreitet ist. Mit der Formulierung »Lieber ... als ... « kommt man relativ einfach zu guten schlagfertigen Antworten. »Wieso kaufst du die Weihnachtsgeschenke erst so spät?« – »Lieber knapp davor als knapp daneben!«

»Benimm dich nicht wie ein Kraftprotz!« – »Lieber zu viel Kraft als zu wenig Gehirn!«

»Sie sind unzuverlässig.« – »Lieber unzuverlässig als extrem lästig.«

»Das war nicht gerade schlau von Ihnen.« – »Lieber heimlich schlau als unheimlich doof.«

»Gestern haben Sie ja wieder ganz schön laut gefeiert.« – »Lieber laut gefeiert als leise geeiert.«

Das Offensichtliche ins Gegenteil verkehren

Eine Technik der Witzfertigkeit besteht darin, auf bestimmte Beobachtungen hin eine Bemerkung zu machen, die genau das Gegenteil dessen beschreibt, was man gerade offensichtlich beobachtet hat. So eine Bemerkung wirkt sehr witzig. Es gibt ein Spiel, das Sie im Kreise Ihrer Freunde ruhig einmal spielen sollten und das diese Fähigkeit zur witzigen Bemerkung enorm trainiert. Gemeinsam beobachten Sie aufmerksam eine Straßenszene. Der erste, der einen Kommentar zu etwas Offensichtlichem macht, das er ins Gegenteil verkehrt, bekommt einen Punkt.

Beispielsweise sehen Sie ein Auto, das zum vierten Mal versucht, in eine Parklücke zu stoßen. Ein möglicher Kommentar wäre: »Faszinierend, wie er das immer wieder auf Anhieb schafft.« Oder ein anderer beobachtet eine Szene, bei der ein Herr seinen kläffenden Hund nicht mehr beruhigen kann. Ein möglicher Kommentar könnte sein: »Sie sehen, das Herrchen hat den Hund voll im Griff.«

Hier nun weitere Situationen für Sie zum Trainieren:

Es regnet draußen in Strömen. Jemand kommt zur Tür herein und ist von oben bis unten patschnass. Sie sagen: »Hattest du keinen Sonnenschutz dabei?«

Jemand kommt mit Gipsbein hereingehumpelt. Sie fragen ihn: »Gehst du heute noch tanzen?«

Jemand kommt mit verschmierten Händen rein. Sie erkundigen sich: »Ah, du warst gerade bei der Maniküre.«

Sie kommen in ein Büro. An den Wänden hängen überall Fotos von New York. Ihr Kommentar: »Ah, Sie lieben das Landleben?«

Ein Bekannter oder Kollege kommt mit einem Porsche vorgefahren. »Oh, ich wusste gar nicht ... hat Porsche gerade Räumungsverkauf?«

Sie haben in geselliger Runde einen Witz gemacht. Niemand lacht. »Ihr müßt ja nicht gleich ausflippen.«

Lassen Sie Angeber und Unsympathen in Watte laufen

Mit Angebern und Großsprechern hat es jeder von uns hin und wieder zu tun. Egal ob männlich oder weiblich, der Charme dieser Zeitgenossen ist äußerst begrenzt und meistens gehen sie einem ohnedies mit ihren Geschichten auf die Nerven. Trotzdem sollten wir uns auch an unsere eigene Nase fassen. Wann haben Sie zuletzt versucht, Ihre beste Freundin, Ihre Nachbarin oder Kollegin zu übertrumpfen? Wann haben Sie sich auf das Spielchen eingelassen und versucht, Ihr Gegenüber mit Ihren Besitzständen, Ihrer großartigen Ausbildung, Ihrem spannenden Leben zu beeindrucken? Wann haben Sie das letzte Mal versucht, Ihre Gesprächspartner mit Ihrem tollen Job, Ihrer erlesenen Garderobe, Ihrem teuren Schmuck klein zu machen? Nur darum geht es ja beim Angeben: Man versucht die eigene Position mit dem schlechten Gefühl des anderen zu stärken.

Hinterfragen Sie sich selbst

Fragen Sie sich doch einmal, wie Sie selbst sich nach einer solchen Attacke auf andere gefühlt haben. War das wirklich so großartig? Sei's drum, jeder hat es schon einmal probiert, wenn er einen weniger guten Tag erwischt hat. Es gehört in gewissem Sinne sogar zu unserem biologischen Rüstzeug, dass wir uns hin und wieder so aufführen.

Dies ist jedoch kein Kapitel mit Anweisungen, wie Sie ein besserer Mensch werden, sondern eines, wie Sie ärgerliche Angebereien entkräften können und dem anderen dabei gleich auch noch einen Spiegel vorhalten.

Imponieren ist menschlich

Sicher kennen Sie den Werbespot eines Geldinstitutes, in dem sich zwei alte Schulfreunde nach vielen Jahren wieder begegnen. Es werden die üblichen Höflichkeiten ausgetauscht und dann geht man gleich zur Tagesordnung über: Wer hat was? Und vor allem: Wer hat mehr als der andere? »Mein Haus, mein Auto, mein Pool, mein Pferd! ... «

Diese Situation hätte man auch durchaus mit zwei gepflegten Karrierefrauen besetzen können. Was lernen wir daraus? Die eine Möglichkeit, den oder die andere zu entwaffnen, ist die, die auch in dem Spot gezeigt wurde. Der andere übertrumpft, indem er tatsächlich mehr zu bieten hat. Das ist nur leider nicht immer möglich – und auf Dauer auch etwas eintönig.

Nehmen Sie sich zurück

Genauso wie in anderen Situationen können Sie auch hier Punkte machen, wenn Sie nicht die Erwartungen des anderen erfüllen und mit in den Wettstreit einsteigen. Dadurch machen Sie dem anderen peinlich bewusst, dass er ins Fettnäpfchen getreten ist. Im konkreten Fall brechen Sie durch ganz bewusste Zurückhaltung aus dem eintönigen Wechselspiel des Sich-gegenseitig-Übertrumpfens aus, indem Sie einfach nicht »mitbieten«, sondern unterbieten.

Ihre Kollegin erzählt Ihnen beispielsweise bereits seit zehn Minuten von ihrem »wahnsinnig schönen Loft« mitten in der City, das sie nur durch ihre hervorragenden Beziehungen zum Bürgermeister höchstpersönlich ergattert hat – und alles »zu einem Spottpreis«. Sie erwidern dazu: »Das ist toll. Ich könnte mir noch nicht einmal deinen jetzigen Mietpreis leisten. Ich habe nur eine bescheidene Mietwohnung mit Toilette am Flur.« Die Antwort erfolgt ohne den Beigeschmack von Neid oder Ironie. Sie muss ganz aufrichtig klingen, um ihre Wirkung zu entfalten. Selbst die dickfelligsten Angeber verstummen in der Regel nach einer solchen Reaktion.

Nehmen Sie einmal die folgenden Beispiele:
»Von unseren drei Autos fahre ich meistens den Jaguar. Mein Mann braucht eben immer den Bentley.« – »Mein Honda ist schon zehn Jahre alt und die Heizung geht im Winter nicht.«

»Ich trage nur noch Jil Sander.« – »Ich kaufe nur im Schlussverkauf bei C&A.«

»Ich kann ja nur Kaschmir und Seide tragen. Etwas anderes verträgt meine Haut überhaupt nicht.« – »Das kann ich mir gar nicht leisten.«

»Ich kann mich vor Dates momentan gar nicht retten. Manchmal vergesse ich sogar die Namen, das ist wirklich peinlich.« – »Ich würde mich auch gerne mal wieder mit einem tollen Mann verabreden. Aber ich bin sicherlich zu wenig hübsch und zu uninteressant.«

»Gestern im Restaurant saß am Nebentisch Heiner Lauterbach.« – »Ich treffe nie jemanden, der berühmt ist.«

> Geben Sie dem anderen ruhig die Anerkennung, indem Sie sich demonstrativ zurücksetzen. Im Normalfall wird er sich dann für seine Angeberei schämen.

Die andere Art, mit Angeberei umzugehen

Es gibt die gerade beschriebene sanfte Art, mit Angebereien umzugehen, aber es gibt auch eine frechere Art. Hier ist sie. Das Prinzip ist einfach: Wenn Sie das Gefühl haben, jemand prahlt zu sehr mit irgendwelchen Dingen, die Sie langweilen, so machen Sie eine Bemerkung, die ihn schlecht aussehen lässt. Wenn beispielsweise Ihre Nachbarin sagt: »Weißt du, Katja, wir haben denselben Anlageberater wie Boris Becker.« Dann könnten Sie erwidern: »Hast du auch denselben Sprachfehler?« Die Methode liegt darin, dass Sie mit Ihrer Antwort einen leichten, dezenten Seitenhieb gegen den Angeber richten. Angenommen, ein Mann will in Ihrer Gegenwart durchschaubar andeuten, dass er der Held aller Frauen ist. »Die Frau dahinten hatte ich übrigens auch schon im Bett«, dann antworten Sie: »Hat sie dir wenigstens einen Sonderpreis gemacht?« Hier weitere Beispiele:

»Heute kriegt man ja keinen guten Wein unter 50 Euro.« – »So viel zahle ich schon allein für den Korken!«

»Ich spreche fließend Englisch, Französisch, Spanisch und Italienisch.« – »Was, und Evangelisch kannst du nicht?«

»Gestern saß am Nachbartisch im Restaurant Heiner Lauterbach.« – »Hoffentlich hast du ihm nichts vom Teller gegessen.«

»In unserem Bad im Hotel hat der letzte deutsche Kaiser gebadet.« – »Haben die wenigstens das Wasser gewechselt?«

»Mein Mann ist mit großer Mehrheit in den Vorstand gewählt worden.« – »Gegen wen hat er denn kandidiert? Graf Dracula?«

Vermeiden Sie unnötige Konfrontationen

Dass Angriff nicht immer die beste Verteidigung ist, hat Ihnen sicher schon Ihre Großmutter beigebracht. Man könnte nun denken, dass diese These ja alles bisher Gesagte über Schlagfertigkeit über den Haufen wirft. So ist es aber nicht.

Sicher, es gibt einen ganz normalen Mechanismus, der uns im Fall eines Angriffs spontan zur Gegenattacke bewegt. Wer uns beleidigt oder kränkt, den versuchen wir ebenfalls zu beleidigen oder zu kränken, und zwar sofort. Das ist ein biologisches Programm aus Urzeiten.

Wann sind Verbalattacken sinnvoll, wann nicht?

Der Mensch ist das einzige Wesen auf der Erde, das mit Verstand ausgerüstet ist und das über sich selbst nachdenken kann. Das Bedürfnis, schlagfertig zu reagieren, entsteht dann, wenn Sie sich getroffen fühlen. Sie haben es aber zu jeder Zeit in der Hand, sich getroffen fühlen zu wollen oder eben nicht. Wenn Sie versöhnlich reagieren, kommen Sie häufig viel weiter und verlieren dabei weniger Energie.

Wann immer möglich, versuchen Sie den Menschen als Freund zu nehmen, selbst denjenigen, der Sie attackiert – das ist oberstes Gebot. Wenn aber nun Ihre Gefühlskurve ins Negative zu rutschen droht und die Gefahr besteht, dass Sie sich nach einer Attacke schlecht fühlen, so benutzen Sie die Methoden der Schlagfertigkeit. Die Schlagfertigkeit soll verhindern, dass Sie sich grämen und ärgern, nichts erwidert zu haben.

Ich habe es bereits in der Einleitung erwähnt, Schlagfertigkeit ist ein Grenzfall in der Kommunikation. Genauer gesagt ein nützliches Mittel für den Notfall, der immer dann eintritt, wenn Sie nicht der Mensch sein können, der Sie im Grunde sein wollen: Der Mensch, der verzeiht, der immer nur gut von anderen spricht und der keine Rache kennt. Beobachten Sie sich also und fragen sich bei jedem Konflikt: Kann ich nachgeben und wie würde ich mich fühlen? Wenn Ihnen Ihr Bauch signalisiert: Wenn ich nachgebe, fühle ich mich schlechter, dann kontern Sie mit Schlagfertigkeit.

Ich gebe Ihnen nun modellhaft einige Beispiele, wie Sie besser fahren, wenn Sie auf einen Konflikt mit Wohlwollen und Versöhnlichkeit reagieren.

Verzichten Sie ruhig einmal auf Ihr Recht

Bei den folgenden typischen Alltagsbeispielen sollen Sie sehen, welche Vorteile es hat, einmal auf sein »gutes Recht« zu verzichten. Damit lassen Sie Angreifer sozusagen »in Watte laufen« und haben vielleicht aus einem potenziellen Feind einen Freund gemacht.

Sie haben eine Party in Ihrer Wohnung und Ihr Nachbar droht Ihnen damit, er werde sofort die Polizei holen, wenn um 22 Uhr nicht Ruhe ist und alle Gäste verschwinden. Laden Sie Ihren Nachbarn doch dazu. Oder wenn er sich darauf nicht einlässt, fragen Sie ihn, wie laut Sie die Musik stellen sollen.

Einer Kollegin, die Sie mit Mobbingattacken belästigt, kommen Sie morgens zuvor, indem Sie ihr eine Tasse Kaffee auf den Schreibtisch stellen und freundlich bemerken: »Frau Huber, Sie sind ein Mensch, mit dem man reden kann. Finden Sie nicht auch, dass wir das Kriegsbeil endlich begraben sollten?« Sie haben eine »böse« Schwiegermutter, die sich ständig darüber aufregt, dass Sie den Haushalt nicht korrekt führen und angeblich nicht kochen können. Bitten Sie sie einfach freundlich um einen Gefallen, ob Sie Ihnen nicht ein paar Tricks zum Kochen und zur Handhabung der Hausarbeit verraten könnte.

> **Tipp**
>
> Verzichten Sie wann immer möglich darauf, Recht zu behalten. Ständige Streitereien und Sticheleien sind nicht konstruktiv und bringen weder Sie noch Ihr Gegenüber weiter.

Genervtheit ist nicht zu überspielen

Es ist eine Idealvorstellung, bei jedem Angriff ruhig und sachlich zu reagieren. Je unangenehmer Sie einen Angriff empfinden, desto schwieriger wird das aber. Unsere nonverbalen Signale verraten uns leider immer. Auch wenn wir uns einbilden, wir würden eine versöhnliche ruhige Stimme halten, obwohl wir innerlich kochen, spürt unser Gegenüber an all unseren körpersprachlichen Merkmalen unsere Genervtheit. Deshalb lautet mein Rat:

Wenn Sie merken, dass es Ihnen bei einer Entgegnung schwer fällt, sachlich zu bleiben, weil Sie zu sehr verletzt wurden, warten Sie ab, bis diese Emotionen verklungen sind. Nur dann sind Sie in der Lage wirklich versöhnlich zu wirken. Reden Sie zunächst über etwas anderes als das, was Sie in Rage gebracht hat. Senken Sie Ihre Stimme, schauen Sie Ihrem Gegenüber direkt in die Augen und fragen Sie sich, was Sie am anderen mögen. Ergreifen Sie erst wieder das Wort, wenn Sie das Gefühl haben, dass Sie wieder ganz bei sich selbst sind.

Sanfter Umgang mit direkten Angriffen

Häufig wird Ihnen mehr an einer guten Beziehung zum Angreifer liegen, als daran, sich schlagfertig zu zeigen. Für diesen Fall gibt es eine vierstufige Methode, mit der Sie den Konflikt meist bereinigen können. Ich empfehle Ihnen deshalb: Im Zweifelsfall sollten Sie sich immer für die sanfte Methode entscheiden. Sie werden auf lange Sicht weniger Energie verlieren und sich besser fühlen.

Erste Stufe: Wenn Sie einen Fehler gemacht haben, gestehen Sie ihn in aller Ruhe ein und bleiben Sie freundlich dabei.

Zweite Stufe: Beschreiben Sie in eigenen Worten, wie der andere durch Ihren Fehler Unannehmlichkeiten bekommen hat. Dritte Stufe: Loben Sie den anderen, etwa so: »Ich finde es wirklich gut, dass Sie mir das jetzt persönlich sagen.«

Vierte Stufe: Machen Sie von sich aus ein Angebot für eine Versöhnung. Das wirkt souverän und der andere fühlt sich ernst genommen. Stellen Sie Ihrem Gegenüber die Frage: »Was können wir tun, damit uns beiden geholfen ist?«

Belästigungen mit »Danke« entkräften

Wie oft haben Sie sich schon in ein Gespräch verwickeln lassen, obwohl Sie nicht das geringste Interesse an dem hatten, was der oder die andere Ihnen da erzählte? Das Problem ist, dass Sie wahrscheinlich nicht einmal den Versuch gemacht haben, dieses Gespräch abzublocken. Unsere Höflichkeit hindert uns daran. Doch später ärgern wir uns wieder mal, dass wir es nicht getan und einfach »Nein« gesagt haben. Aber wir tun es nie, denn es gilt als grob unhöflich, ein Gespräch abzublocken.

Dabei gibt es eine höfliche und unmissverständliche Art, dies zu tun. Benutzen Sie das einfache Wörtchen »Danke«.

Wenn Sie in Zukunft beispielsweise jemand auf der Straße wegen einer Umfrage anspricht, reicht ein klares »Danke«. Damit lassen Sie dem anderen seine Würde, indem Sie sein Angebot registrieren und nicht durch ihn hindurchsehen. Sie signalisieren aber auch, dass Sie kein Interesse an einem weiteren Gespräch mit ihm haben. Das unterstützen Sie körpersprachlich dadurch, dass Sie Ihren Blick danach abwenden oder Ihren Weg fortsetzen.

Wenn Sie von einem Mann angesprochen werden, Sie aber keine Lust auf ein Gespräch mit ihm haben, dann sagen Sie höflich, aber bestimmt: »Ich möchte im Moment nur für mich sein. Danke.« Und dann richten Sie den Blick weg.

> **Tipp**
>
> Mit einem freundlich ausgesprochenen »Danke« können Sie jeden Wortwechsel und jedes Gespräch freundlich, aber bestimmt beenden. Wichtig: Wenden Sie nach dem »Danke« Ihren Blick von Ihrem Gegenüber weg.

Tarnen Sie sich hinter Fremdaussagen

Viele Frauen würden einem ungehobelten Angreifer gerne einen heftigen Dämpfer verpassen, trauen sich aber nicht, weil sie so harsche Bemerkungen nie in den Mund nehmen würden. Es gibt nun eine einfache Methode, auch deftigere Worte zu wählen, bei der Sie sich selbst geschickt aus der Schusslinie ziehen. Sie tarnen sich einfach hinter einer Aussage, die ein anderer in so einem Zusammenhang angeblich gesagt hat.

Da sagt Ihnen eine alte Schulkameradin: »Sylvia, du bist ja immer noch nicht verheiratet. Dich will wohl keiner?« Geben Sie zur Antwort: »Es gibt Leute, die nennen so etwas Schwachsinn. Ich tue es bewusst nicht.«

Karsten Bredemeier hat diese Technik in seinem Buch *Nie wieder sprachlos* unter dem Begriff »Paradoxon-Technik« vorgestellt. Sogar Alt-Bundeskanzler Willy Brandt hat diese Technik einmal im Bundestag angewandt. Auf einen Zwischenruf konterte er: »Hindern Sie mich daran, Sie einen Schwachkopf zu nennen.«

Weitere Beispiele:

»Ich könnte Ihnen jetzt sagen, Sie sind eine Null, meine gute Erziehung verbietet mir das aber.«

»Mein Chef sagt dazu immer: Das ist niveaulos. Seien Sie froh, dass ich nicht mein Chef bin.«

»Weniger gut erzogene Leute würden das Bullshit nennen. Das ist aber nicht mein Stil.«

Intelligent fragen, alles erreichen

Intelligent fragen, alles erreichen

Um in bestimmten Situationen die Oberhand zu behalten, ist es von großer Bedeutung, in Wortgefechten oder Diskussionen geschickt mit Fragen und Aussagen umzugehen. Die folgenden Strategien für den klugen Einsatz von Frage und Aussage sind sowohl für Alltags als auch für Business-Situationen anwendbar. Es ist wichtig, sie zu kennen und zu durchschauen, damit Sie Ihre Interessen in Zukunft besser durchsetzen können.

Behalten Sie mit klugen Fragen die Kontrolle

Geschickt mit Fragen umzugehen ist das A und O gelungener Kommunikation. Mit Fragen können Sie Attacken entkräften, aber auch Ihre Gesprächspartner in die Enge treiben, wenn es nötig ist. Sie können den Gesprächsverlauf Ihren Wünschen entsprechend steuern und andere Menschen dazu bewegen, sich emotional zu öffnen. Mit Fragen können Sie jemanden bestärken, aber auch indirekt Unterstellungen formulieren. Mit Fragen können Sie auf elegante Weise sich selbst oder ein Produkt verkaufen. Mit Fragen können Sie andere einwickeln, überzeugen und überraschen. Nicht zufällig ist die Fertigkeit, richtig zu fragen, eine der rhetorischen Basiskünste. Wie's geht, lesen Sie auf den folgenden Seiten.

Eine Unterstellung muss nicht immer negativ sein

Eine Technik, mit der Sie meist an Ihre gewünschten Informationen gelangen, ist die Unterstellungsfrage. Man kann dabei zwei Typen unterscheiden: die positive und die negative Unterstellung.

Das zentrale Merkmal der klassischen Unterstellungsfrage ist, dass der Fragende eine Tatsache einfach voraussetzt und dazu ein Detail nachfragt. Nach dem Muster: »Betrügen Sie immer noch Ihren Mann?« Durch Unterstellungsfragen geben Sie dem anderen das Gefühl, etwas bereits zu wissen. Bekannte Beispiele dafür kennen Sie aus unzähligen Fernsehdialogen zwischen dem Kommissar und dem Verdächtigen: »Wo haben Sie die Beute versteckt?«, wird gefragt, obwohl der Kommissar überhaupt nicht weiß, ob der Verdächtige wirklich auch der Schuldige ist.

Frotzeln leichtgemacht

»Harmlosere« Gesprächssituationen, in denen wir mit Unterstellungsfragen arbeiten können, tauchen aber auch im Alltag, auf. »Klauen Sie immer noch täglich die Morgenzeitung?« Den Diebstahl setzen Sie voraus. Sie fragen nicht, ob es sich tatsächlich so verhält, sondern Sie unterstellen es einfach und erfragen noch eine Präzisierung oder irgendein unwesentliches Detail. Diese negativen Unterstellungen eignen sich übrigens hervorragend, um in geselliger Runde mit- und gegeneinander zu frotzeln. Machen Sie dieses Spiel einmal untereinander. Es macht sehr viel Spaß.

Mit positiven oder negativen Unterstellungsfragen bringen Sie Ihr Gegenüber in eine Ausgangslage, die von Ihnen gesteuert wird. Entweder er wird gezielt motiviert oder er wird gezielt diskreditiert.

Sie fragen: »Was macht Ihnen am Kochen am meisten Spaß?« anstatt »Macht Ihnen Kochen Spaß?«

Sie fragen: »Welches Parfüm benutzt dein Liebhaber?« anstatt: »Hast du einen Liebhaber?«

Sie fragen: »Was macht Sie so erfolgreich bei Männern?« anstatt: »Haben Sie Erfolg bei Männern?«

Sie fragen: »Was tun Sie gegen den Umsatzrückgang?« anstatt: »Gibt es bei Ihnen einen Umsatzrückgang?«

Sie fragen: »Wie oft hast du schon einen Lippenstift geklaut?« anstatt: »Hast du schon mal einen Lippenstift geklaut?«

Positive Unterstellungsfragen

Nützlich sind solche Fragen in allen Belangen, in denen Sie das Verhältnis zu anderen Menschen verbessern möchten. In diesem Fall machen Sie eine Unterstellung, die den anderen im positiven Licht erscheinen lässt. Dadurch wird er motiviert. Fragen Sie lieber: »Worin besteht Ihr Erfolgsgeheimnis?« anstatt »Sind Sie wirklich so erfolgreich?«

Durch die positive Unterstellungsfrage schaffen Sie immer eine Atmosphäre des Vertrauens und des Interesses von Ihrer Seite, auch wenn Sie den anderen weniger gut kennen. Nicht umsonst ist diese Technik beliebt bei professionellen Talkmastern und Interviewern.

Negative Unterstellungsfragen

Negative Unterstellungsfragen, wie in unserem Beispiel mit dem Kommissar, arbeiten nach demselben Prinzip, nur dass Sie dabei nicht das Vertrauen Ihres Gegenübers gewinnen wollen. Sie möchten den anderen ganz bewußt verunsichern, um an Informationen zu gelangen oder ihn zu schwächen.

»Was ist das für ein Gefühl, von keinem Mann beachtet zu werden?«

»Was würden Sie am liebsten ungeschehen machen?«
»Warum fällt es Ihnen so schwer, ehrlich zu sein?«

Sobald Ihr Gegenüber mit seiner Verteidigung beginnt, haben Sie gewonnen und sind in der stärkeren Position.

So steuern Sie Ihre Gesprächspartner

Wenn Sie in einer Gesprächssituation stecken, in der es darauf ankommt, dass Sie die Fäden in der Hand behalten, ist die folgende Fragetechnik hilfreich. Mit Hilfe von geschickt eingesetzten Aussagen vor der eigentlichen Frage steuern Sie die Antwort in eine bestimmte Richtung. Sie stellen etwas fest und fragen dann. Deshalb nennt man diese Fragen auch »Feststellungsfragen«.

Praktisch funktioniert die Sache so: Nehmen Sie die eben erwähnte Unterstellungsfrage »Worin besteht Ihr Erfolgsgeheimnis?« Sie können diese Frage nun mit einer Feststellung einleiten, die ein Szenario als gegeben hinstellt und den Befragten in eine bestimmte Richtung lenkt: »Sie haben sowohl Familie als auch Karriere voll im Griff. Worin besteht Ihr Erfolgsgeheimnis?«

Sie unterstellen Ihrem Gegenüber einfach, dass er Familie und Karriere im Griff hat. Das Szenario, das Sie hier konstruiert haben, wird von Ihrer Zuhörerin in der Regel nicht überprüft, sondern als gegeben angenommen. Sie steuern mit dieser Frageart den Befragten in eine komplett von Ihnen vorgegebene Richtung.

> **Tipp**
>
> Die Feststellungsfrage ist ein ideales Steuerungsmittel in Gesprächen, in denen Sie Ihren Gesprächspartner zu etwas bewegen wollen. Mit Feststellungsfragen können Sie auf Präsentationen oder im Meeting Überzeugungsarbeit leisten. Doch auch im privaten Bereich greift diese Fragetechnik, um Ihre persönlichen Ziele zu unterstützen.

Auf Feststellungsfragen richtig antworten

Es gibt nicht nur sachliche Feststellungsfragen. Es gibt auch solche, die eine eindeutige Wertung beinhalten. Positive Feststellungsfragen dienen dazu, den anderen zu motivieren oder zum Reden zu bringen, in einem Interview, einem Personalgespräch oder wenn Sie jemand näher kennen lernen möchten. »Mit Ihnen wollen alle zusammenarbeiten. Wie machen Sie das?«

Negative Feststellungsfragen dienen dazu, Ihr Gegenüber in die Enge zu treiben oder ihn vor anderen schlecht aussehen zu lassen. »In Ihrer Abteilung wird schlampig gearbeitet. Wer ist dort zuletzt eingestellt worden?« Im Normalfall geht man nur auf die Frage ein und lässt die Unterstellung unwidersprochen stehen.

Was können Sie nun tun, wenn Ihnen ein anderer mit einer wertenden Feststellungsfrage begegnet, die Ihnen unangenehm ist? Die einzig mögliche Reaktion: Schlagen Sie den Fragenden mit seinen eigenen Waffen. Er erwartet, dass Sie auf die Frage reagieren und seine Feststellung nicht weiter prüfen. Sie jedoch tun genau das Gegenteil. Sie ignorieren die Frage oder stellen diese zurück und gehen kritisch auf das Szenario ein.

Auf die Feststellungsfrage »Sie sind eine Frau, die dafür bekannt ist, immer für einen guten Zweck zu spenden. Wie viel möchten Sie diesmal geben?« geben Sie zur Antwort: »Sie irren sich, ich spende nur diskret. Sie müssen mich verwechseln.«

Auf die Feststellungsfrage: »Als Hausfrau haben Sie den Anschluss an die Berufspraxis verloren. Welchen niedrig dotierten Job möchten Sie denn haben?« antworten Sie: »Sie täuschen sich. Den Bezug zur Praxis habe ich niemals verloren.« Auf die Frage: »Leider sind Sie für diese Tätigkeit unbegabt. Wo liegen Ihre Stärken?« antworten Sie: »Sie täuschen sich, ich bin begabt! Sie sind der einzige, der diese Einschätzung äußert.«

Mit Alternativfragen besser überzeugen

Ebenfalls zu den so genannten steuernden Fragetypen zählen die Alternativfragen. Ihr Erfolg beruht darauf, dass Sie mit dieser Technik Ihrem Gesprächspartner eine Entscheidung abnehmen. Sie stellen ihn lediglich vor zwei Möglichkeiten, zwischen denen er wählen darf. Beide laufen letztlich auf das von Ihnen gewünschte Ziel hinaus. Der andere wählt nur ein Detail aus.

Zum Beispiel: Sie wissen, dass Ihr Mann nur halb überzeugt in Musicals geht. Bevor Sie sich nun auf langwierige Diskussionen und Überzeugungsarbeit einlassen und letztlich doch mit Ihrer besten Freundin gehen, stellen Sie ihn einfach vor eine Wahl, die ihm scheinbar keinen Ausweg läßt. Sie fragen ihn: »Möchtest du lieber, dass ich Karten für *Cats* oder *Das Phantom der Oper* besorge?«

Erfolgreich kombinieren läßt sich die Alternativfrage auch mit der positiv wertenden Feststellungsfrage: »Du hast mir versprochen, öfter mal mit mir was zu unternehmen. Möchtest du lieber, dass ich Karten für *Cats* oder *Das Phantom der Oper* besorge?«

Natürlich funktioniert diese Strategie nicht immer. Sie funktioniert nur, wenn sich der Befragte über seine Lust oder Unlust nicht ganz im Klaren ist. Falls er absolut keine Lust hat, haben Sie kaum eine Chance. Wenn er jedoch schwankend oder unsicher ist, dann ist die Chance groß.

> **Tipp**
>
> Bei Alternativfragen wird nicht nach dem »ob überhaupt« gefragt, sondern als Wunsch die Alternative »A oder B« abgefragt. Die grundsätzliche Entscheidung ist von Ihnen für den anderen bereits gefällt worden. Gehen Sie mit diesem Fragetyp vorsichtig um. Denn wenn Ihr Gegenüber ihren Steuerungsversuch durchschaut, kann der weitere Verlauf des Gesprächs schwierig werden.

Motivieren Sie mit Lob

Mit zu den erfolgreichsten Fragetechniken gehören die Motivationsfragen. Schließlich wird jeder von uns gerne gelobt. Mit Lob und positiver Bestätigung, die gut gewählt ist, öffnen Sie bei Ihrem Gegenüber in der Regel eine emotionale Tür. Ihre Gesprächspartner reagieren bereitwilliger und lassen sich leichter auf Ihr Anliegen ein. Das gilt insbesondere für Gespräche, in denen Sie ein bestimmtes Anliegen haben, das direkt angesprochen vielleicht plump und indiskret wirken würde.

Motivationsfragen geschickt einsetzen

Die Motivationsfrage gehört zu den Feststellungsfragen, denn es wird auch hier eine Aussage vor der eigentlichen Frage platziert. Sie ist immer positiv und leitet auf Ihr Anliegen hin. Nehmen wir beispielsweise an, Ihre Waschmaschine ist kaputt und Sie möchten bei Ihrer Nachbarin waschen. Dann könnten Sie Ihr Anliegen folgendermaßen verpacken: »Gestern habe ich Ihre Tochter gesehen. Gratuliere, sie ist das hübscheste Mädchen in diesem Viertel. Übrigens, könnte ich vielleicht meine Wäsche bei Ihnen machen? Unsere Waschmaschine ist gerade eben kaputt gegangen.«

Oder Sie überlegen, ob Sie sich ein Cabrio kaufen sollen. Ihr Kollege hat eins, mit dem Sie gerne eine Probefahrt machen würden. Dann fragen Sie ihn: »Sie haben das Traumauto, das ich mir immer gewünscht habe. Kennen Sie jemanden, bei dem man einmal eine Probefahrt machen könnte?« Er wird im Normalfall jetzt den Vorschlag machen, dass Sie seines leihen können.

Oder Sie möchten, dass Ihr Mann Ihnen eine Handtasche schenkt. Sie könnten ihm folgendes Kompliment machen: »Als ich deine neuen Schuhe gesehen habe, ist mir wieder aufgefallen: Für einen Mann hast du so einen tollen Geschmack. Würdest du so lieb sein und mir eine neue Handtasche aussuchen?«

Geben Sie Ihrer Frage bereits die Antwort mit

Eine sehr wirksame Spezies der manipulativen Fragestellungen sind Suggestivfragen. In dieser Art von Fragen ist die gewünschte Antwort bereits enthalten. Um sie erfolgreich einzusetzen, brauchen Sie etwas psychologisches Geschick und ein genaues Ziel vor Augen. Mit einer

Suggestivfrage erzeugen Sie Druck auf Ihren Gesprächspartner. Er fühlt sich genötigt, Ihnen zuzustimmen, auch wenn er dies vielleicht gar nicht möchte. Natürlich wird er auch dies nur tun, wenn er schwankend oder unsicher ist.

Der Zustimmungseffekt hängt mit der Form Ihrer Frage zusammen. Mit der Suggestivfrage laden Sie den anderen ein, mit »dazuzugehören«. Sie formulieren Ihre Fragen mit folgenden Einleitungen: »Finden Sie nicht auch ... « oder »Da sind Sie doch sicher einer Meinung mit mir ... « und zielen dabei auf ein sehr menschliches Grundgefühl ab: Kaum jemand möchte mit seiner andersartigen Meinung ganz alleine dastehen.

Körpersprachlich unterstützen Sie Ihre Fragen mit begleitendem Nicken oder Kopfschütteln, je nachdem, ob Sie ein »Ja« oder »Nein« erwarten.

Zum Beispiel erkundigen Sie sich bei Ihrem Kollegen: »Finden Sie nicht auch, dass wir der Frau Huber etwas zum Geburtstag schenken sollten?«

Oder Sie wenden sich an Ihre Nachbarin: »Sie stimmen mir doch sicher zu, dass unser Treppenhaus einmal die Woche geputzt werden muss?«

Oder Sie fragen Ihren Ehemann: »Du denkst doch sicher auch, dass wir deine Eltern mal wieder zum Essen einladen sollten?«

> **Tipp**
>
> Sollte jemand versuchen, Sie mit Suggestivfragen einzunickeln und zu einer Meinung zu überreden, die gar nicht die Ihre ist, dann hilft nur eines: Bleiben Sie bewusst bei Ihrer eigenen Meinung und lassen Sie sich nicht beirren. Die Suggestivfrage soll andere immer dazu veranlassen, sich mit Ihnen einverstanden zu erklären. Dazu können Sie Wörter wie »sicherlich, gewiss, wohl, doch, auch« in die Frage einbauen.

Machen Sie mit geschickten Rückfragen Punkte

Im nächsten Kapitel werden Sie lernen, wie Sie mit strategisch richtig eingesetzten Fragen Ihre Schlagfertigkeit in Verhandlungen und Meetings ausbauen können. Es gibt nun eine universelle Königsstrategie, wie Sie bei jeder unangenehmen Frage, bei jedem Vorwurf, bei jeder Beleidigung, bei jeder Unterstellung erst einmal aus dem Schneider sind.

Die Rückfrage – So reißen Sie das Ruder immer herum

Jeder von uns hat schon einmal eine Situation erlebt, in der er sich durch Fragen oder Anschuldigungen in die Enge getrieben fühlte. Jetzt gibt es eine Antworttechnik, mit der Sie in acht von zehn Fällen gut aussehen: die Rückfrage. Im besten Fall gelingt es Ihnen sogar, die Rollen im Gespräch zu vertauschen. Aus dem Angreifer wird das Opfer, und aus dem Angegriffenen der Täter.

So funktioniert die Rückfragetechnik

Grundsätzlich gilt: Jedesmal dann, wenn Sie sich angegriffen fühlen, ob durch eine Frage oder eine Aussage, so antworten Sie mit einer Gegenfrage. Fragen Sie den anderen einfach irgendetwas. Zum Beispiel könnten Sie auf die Bemerkung: »Kümmern Sie sich gefälligst um Ihre eigenen Angelegenheiten!« erwidern: »Worum kümmern Sie sich denn am meisten?«

In der Regel verfällt der Gesprächspartner in einen so genannten Antwortreflex. Er gibt Antwort, redet irgendwas und Sie sind aus der Schusslinie. So gewinnen Sie Zeit und nehmen dem Angriff die Spitze. Besonders wichtig ist das auch, wenn Sie Zuhörer haben, die schon während des Gesprächs Partei ergreifen könnten. Sehen Sie sich dazu die folgenden Beispiele an:

Auf den Vorwurf: »Sie haben die Diamantringe aus der Vitrine genommen«, entgegnen Sie: »Wer könnte Ihrer Ansicht nach noch in Frage kommen?«

Auf die Unterstellungsfrage: »Warum mobben Sie Ihre Kollegin?«, erwidern Sie: »Trauen Sie mir das zu?«

Sie haben unterschiedliche Möglichkeiten, Ihre Rückfragen zu gestalten, je nachdem, wie die ursprüngliche Frage formuliert wurde. Eine sehr entlastende Methode ist es, den anderen irgend etwas aus seinem Vorwurf definieren zu lassen.

Auf die Bemerkung: »Sie haben sich doch mehr schlecht als recht durchgeboxt«, fordern Sie Ihren Gesprächspartner auf: »Definieren Sie mir doch erst einmal: Was verstehen Sie unter durchboxen?«

Auf die provozierende Frage: »Warum betrügen Sie Ihre Kunden?«, fragen Sie gelassen zurück: »Was verstehen Sie denn unter betrügen?«

»Die Mitarbeiter beschweren sich über Sie.« – »Können Sie das bitte mal definieren?«

»Sie sind so emotional, Frau Huber.« – »Definieren Sie mir bitte, was emotional heißt.«

Die Standardformulierungen hierzu lauten: »Was verstehen Sie unter ... « oder »Definieren Sie mir bitte ...

Lassen Sie sich einfach vom Angreifer verteidigen

Sprache richtig eingesetzt ist ein gigantisches Mittel. Sie können sich durch eine geschickt formulierte Rückfrage vom Angreifer sogar Lösungen geben lassen, um den Vorwurf zu entkräften. Er übernimmt faktisch Ihre Verteidigung. Das funktioniert so: Sie fragen Ihren Gesprächspartner einfach nach Lösungsvorschlägen, um das Gegenteil des Vorwurfs zu begründen.

Er attackiert Sie: »Mit Ihrem Verhalten stören Sie jede Diskussion!« Sie fragen zurück: »Wie müsste Ihrer Ansicht nach ein Verhalten aussehen, das die Diskussion unterstützt?«

Ein Kollege unterbricht Sie: »Können Sie das nicht mal auf den Punkt bringen?« Sie entgegnen ruhig: »Wie müsste der Sachbestand denn Ihrer Ansicht nach formuliert sein, dass er auf den Punkt kommt, Herr Kollege?«

Ein Kunde beschwert sich: »Ihr Service lässt zu wünschen übrig!« Sie fragen zurück: »Wie sollte Ihrer Ansicht nach ein guter Service aussehen?«

Ein Kunde wehrt ab: »Das kostet doch viel zu viel.« Sie erkundigen sich: »Wenn etwas so viel kostet, was müsste es dann für Sie leisten?«

Eine Nachbarin wirft Ihnen vor: »Sie haben Ihre Kinder falsch erzogen.« Sie wollen von ihr wissen: »Wie sollte denn Ihrer Meinung nach eine gute Kindererziehung aussehen?«

Jemand fährt Sie an: »Du Schlampe.« Sie bleiben gelassen: »Wie müsste es aussehen, damit du nicht mehr den Eindruck hast, ich sei eine Schlampe?«

Ihr Gesprächspartner bemerkt: »Ihre Frage gefällt mir nicht.« Sie erkundigen sich: »Wie müsste denn die Fragestellung aussehen, damit sie Ihnen gefällt?«

Durch Rückfragen eine Auswahl geben

Als Antwortstrategie eignet sich auch die Rückfrage in Form einer Alternativfrage. Sie teilen einfach den Vorwurf in zwei Alternativen auf. Sie treffen sozusagen eine Vorauswahl für Ihren Gesprächspartner, der sich dann aussuchen kann, was Sie ihm vorgeben. So lassen sich Vorwürfe geschickt abmildern und Sie können das Gespräch auf eine sachliche Ebene zurückbringen.

Ihr Chef fragt ungeduldig: »Warum ist der Bericht noch nicht fertig?« Sie fragen zurück: »Brauchen Sie ihn heute noch oder reicht morgen früh?«

Ein Kollege äußert sich abfällig: »Sie sind doch auch nur eine dieser alternativen Emanzen!« – »Bin ich Ihnen zu selbstbewusst oder lassen Sie sich leicht verunsichern?«

Eine Nachbarin fragt: »Können Sie nicht auf Ihr Kind aufpassen?« – »Meinen Sie auf Sven oder auf Barbara?«

Fragen unbeantwortet zurückgeben

Eine brillante Rückfrage besteht darin, die Frage unbeantwortet Ihrem Gegenüber zurückzugeben. Das geht so: Sie erfragen beim Angreifer irgendeine Information zum Vorwurf. Dabei soll das Wort »Sie« oder »Du« vorkommen. Zum Beispiel: Ein Nachbar regt sich auf: »Sie haben eine ganz schöne Unordnung vor Ihrem Haus!« Sie fragen zurück: »Was haben Sie denn vor Ihrem Haus stehen?«

Sie werfen den anderen dadurch quasi aus seiner Denkschiene. Er kommt in den Antwortreflex und ist von seinem ursprünglichen Vorwurf abgelenkt. Hier sind einige weitere Beispiele für wirkungsvolle Rückfragen:

Ihre Kollegin fragt hämisch: »Was würden Sie tun, wenn Ihnen gekündigt würde?« Sie kontern: »Seit wann haben Sie Ihre jetzige Arbeitsstelle?«

Ein Kollege weist Sie darauf hin: »Ihre Bluse ist aber ziemlich zerknittert!« Sie fragen zurück: »Wo lassen Sie eigentlich bügeln?«

»Wieso reicht Ihr Geld nur bis zur Monatsmitte?« – »Wie lange reicht denn das Geld bei Ihnen?«

»Sie bohren sich in der Nase?« – »Wo bohren Sie denn?«

»Warum betrügen Sie Ihren Mann?« – »Warum betrügen Sie denn Ihren?«

Tipp

Es gibt Standardrückfragen, die Sie in gegebenen Situationen wörtlich, ohne zu überlegen, erwidern können. »Warum fragen Sie?«, »Können Sie das präzisieren?«, »Meinen Sie wirklich, was Sie da sagen?«, »Worauf wollen Sie hinaus?«, »Leiden Sie darunter?« oder »Wie bitte?«

Erst richtig stellen – dann kontern

An manchen Fragen oder provozierenden Bemerkungen erkennen wir sofort, dass der andere damit bewusst ein falsches Bild von uns entwerfen will – zum Beispiel beim

Streitgespräch oder einer Diskussion in einer größeren Runde. In solchen Situationen reagieren Sie besonders wirksam, wenn Sie die falsche Unterstellung Ihres Gegenübers mit einer Aussage richtig stellen und den Angreifer zusätzlich mit einer Unterstellungsfrage konfrontieren.

Wenn Sie mit der Frage angegangen werden: »Hast du den Sachverhalt immer noch nicht durchschaut?«, antworten Sie beispielsweise mit der Richtigstellung: »Mir sind alle Seiten klar.« Und dann fügen Sie die Frage an: »Aber wo ist dein Problem?« Sie geben also quasi eine Feststellungsfrage als Antwort. Die angefügte Frage nötigt den Angreifer, Ihnen sofort zu antworten. Sie haben den Ball erfolgreich zurückgespielt und bringen den anderen auf diese Weise in den Rechtfertigungsreflex.

Sie können diese Technik auch an sprachliche Standards koppeln, die Ihnen im Bedarfsfall die schnelle Reaktion sehr viel leichter machen. Wendungen, die sich dazu eignen, sind zum Beispiel »Damit liegen Sie leider nicht richtig. Wollen oder können Sie mich nicht verstehen?« oder »Das ist deine ganz persönliche Ansicht. Kannst du auch andere Meinungen akzeptieren?«.

Nutzen Sie die Macht des Blickkontakts

In unangenehmen Gesprächen können Sie in Momenten, in denen Sie auf Fragen reagieren müssen, eine körpersprachliche Technik nutzen. Halten Sie während der Frage des anderen und während Ihrer Antwort den Blickkontakt zu Ihrem Gesprächspartner. Das unterstützt bei dem anderen das Gefühl, in Ihnen eine wache und präsente Gesprächspartnerin zu haben. Und außerdem können Sie dadurch Ihrer Antwort mehr Ausdruck verleihen.

Natürlich sollten Sie auch nicht in eine Art Drohstarren verfallen. Gerade bei längeren Ausführungen wirkt das stark irritierend. Wichtig ist nur, dass Sie am Anfang und Ende Ihrer Antwort Ihren Gesprächspartner anschauen. Nachdem Sie die Frage beantwortet haben, beenden Sie den Blickkontakt. Damit signalisieren Sie: »Ich habe die Frage klar und deutlich beantwortet.«

Wenn Sie im Dialog ernst genommen werden möchten, ist der direkte Blickkontakt ein unverzichtbares Instrument. Sehen Sie also im Gespräch niemals nach unten. Und: Ihr Blick muss immer ruhig und interessiert wirken.

Tipp

Der Blick und der Name des Angreifers sind ein Wichtiges Instrumentarium der Schlagfertigkeit. Fügen Sie am Ende jeder schlagfertigen Antwort genüsslich noch einmal den Namen des Angreifers an. Wenn Sie eine schlagkräftige Antwort gegeben haben, entziehen Sie dem Gegenüber demonstrativ Ihren Blick.

Bringen Sie den Angreifer in Rechtfertigungsdruck

Wenn jemand Sie angreift, so gibt er damit immer auch ein Stückchen über sich selbst preis. Diese Selbstoffenbarung können wir ihm als Rückmeldung geben. Dadurch kommt er fast immer in die Situation, sich selbst rechtfertigen zu müssen. Sie haben den Spieß von Angreifer und Verteidiger einfach umgedreht. Das gelingt Ihnen, indem Sie ihm ein Feedback über seine möglichen Beweggründe für den Angriff geben.

Jemand attackiert Sie beispielsweise: »Können Sie sich nicht um Ihre eigenen Angelegenheiten kümmern?« Jetzt stellen Sie sich die Frage: Was geht im Angreifer vor, warum sagt er das und was sagt er damit über sich selbst aus? Und das geben Sie ihm als Rückmeldung.

Um den Einstieg zu finden, stellen Sie einfach immer die zwei Worte »Sie scheinen ...« an den Satzanfang. Sie könnten beispielsweise erwidern: »Sie scheinen gerne alleine zu arbeiten.«

Diese Antwort klingt noch recht versöhnlich. Diese Methode erlaubt jedoch nicht nur eine versöhnlich klingende Antwort, sondern auch eine Antwort, die eine gewisse Schärfe gegenüber dem Angreifer beinhaltet. Sie könnten auch etwas schärfer sagen: »Sie scheinen keine Hilfe annehmen zu wollen.« Oder noch schärfer: »Sie scheinen mit anderen Menschen nicht auszukommen.«

Anderes Beispiel. Sie fahren mit Ihrem Kind in der Straßenbahn und plötzlich fängt es an zu weinen. Da bemerkt eine Mitreisende genervt: »Schauen Sie mal, dass Ihr Kind ruhig wird.« Eine versöhnliche Antwort könnte sein: »Sie scheinen auf Ruhe großen Wert zu legen.« Etwas schärfer: »Sie scheinen Kinder nicht zu mögen.« Oder noch schärfer: »Sie scheinen sich gerne einzumischen.«

Ihr Partner schreit: »Hör doch endlich auf mit deinen ständigen Vorwürfen!« Sie könnten erwidern: »Du scheinst eine Aussprache mit mir zu wünschen.« Oder schärfer: »Du scheinst Schuldgefühle zu haben.«

Der Chef giftet: »Sie sind ja zu dumm zum Tippen.« Die versöhnliche Version: »Sie scheinen auf saubere Briefe Wert zu legen.« Die schärfere Variante: »Sie scheinen einen Grund zu suchen, um mich zu beleidigen.«

Im Kaufhaus giftet eine Verkäuferin Sie an: »Lassen Sie das bitte stehen!« Die sanftere Antwort: »Sie scheinen Wert darauf zu legen, dass die Sachen nicht angefasst werden.« Zwei Gänge schärfer: »Sie scheinen ja ziemlich gereizt zu sein.«

Retourkutsche mit klarer Aussage und Frage dahinter

Eine der wirksamsten Strategien der Schlagfertigkeit besteht darin, eine Aussage zum Angriff zu machen und gleich anschließend eine Frage nachzuschieben. Dadurch gerät der Angreifer meist in einen massiven Verteidigungsreflex.

Zum Beispiel sitzen Sie in einem Mehrplatzbüro gemütlich an Ihrem Schreibtisch, der Chef kommt vorbei und sagt im Vorübergehen, so dass es alle hören können: »Setzen Sie sich mal ordentlich hin.« Anstatt sich nun zu verteidigen oder zu rechtfertigen, machen Sie nun zunächst eine klare Aussage: »Ich sitze so, wie es mir gemütlich ist.« Und nun hängen Sie ohne Pause die Frage an: »Wie sitzen Sie denn normalerweise?« Durch die anschließende Frage haben Sie ihn in Zugzwang gebracht.

Keine Angst vor Unterstellungsfragen

Sie können als Frage auch eine Unterstellungsfrage verwenden. Das ist schärfer. Dadurch kommt der andere in einen massiven Verteidigungsdruck. Sie können beispielsweise antworten: »Ich sitze so, wie es mir gemütlich ist. Womit beschäftigen Sie sich denn sonst noch?«

Ein anderes Beispiel. Ihre Kollegin mustert Ihre neu erworbene Bluse und bemerkt: »Was haben Sie denn da für eine Kinderbluse an?« Sie geben gelassen zur Antwort. »Ich liebe Kindermotive. Mögen Sie keine Kinder?«

Diese Methode der Schlagfertigkeit können Sie prima sowohl im Business als auch im Alltag einsetzen. Im

Businessfall ist es ratsamer, die Aussagen und Fragen versöhnlicher zu halten, wohingegen Sie im Alltagsfall den Regler ruhig einmal auch ein wenig höher stellen können.

Aber auch im Berufsleben müssen Sie Ihre Kollegen nicht immer mit Samthandschuhen anfassen. Da sagt Ihnen der Marketingleiter während einer Sitzung: »Das sind doch nur Hypothesen.« Sie geben zurück: »Das sind Tatsachen, Herr Kollege. Kennen Sie den Unterschied?«

Absurde Unterstellungen

Sie können als Aussage beispielsweise auch die Technik der übertriebenen Zustimmung einsetzen. Dadurch wird es absurd. Beispiel: »Du könntest auch wieder mal deine Ohren putzen.« Antwort: »Nein, da will ich Karotten anpflanzen. Welche Gemüsesorten bevorzugst du denn?«

Hier einige weitere Beispiele zur Methode Feststellungsfrage als Antwort: Auf die Frage: »Aus welchem Kuhkaff kommen Sie denn?«, erwidern Sie: »Ich glaube nicht, dass Sie das einschätzen können. Welche größeren Städte kennen Sie denn?«

»Mein Gott, was haben Sie denn für eine Schrottkarre?« – Antwort: »Sie verwechseln das. Das ist eine Schubkarre. Wie alt ist denn Ihr Auto?«

> **Tipp**
>
> Weisen Sie den Angriff zurück und fragen Sie zurück. Dadurch erzielen Sie eine stärkere Wirkung als durch eine bloße Gegenfrage, denn Sie haben dem Angriff die Grundlage entzogen und setzen nun den Angreifer unter Druck.

Erfolg im Job

Erfolg im Job

Eine gute Kommunikationsfähigkeit ist entscheidend, wenn es darum geht, eine interessante berufliche Position zu erreichen, bei Beförderungen berücksichtigt zu werden und die Karriere abzusichern. Ihre Schlagfertigkeit ist es, die im Gespräch Selbstbewusstsein und ein sicheres Auftreten gewährleistet. Alle bisher dargestellten Techniken und Methoden sind nicht nur im privaten Alltag, sondern, wie an vielen Beispielen verdeutlicht wurde, auch und gerade im Job einsetzbar. Für bestimmte Standardsituationen im Beruf zeige ich Ihnen ganz konkret, wie Sie am Telefon, im Meeting oder im Team Ihre Schlagfertigkeit noch erfolgreicher einsetzen können.

Sicher reden heißt selbstbewusst handeln

Es ist eine Tatsache, dass es Frauen im beruflichen Alltag nach wie vor schwerer fällt als Männern, sich ins rechte Licht zu setzen und sich ihren KollegInnen gegenüber zu behaupten. Sich Gehör zu verschaffen und deutliche Grenzen zu setzen gehört zu den Anforderungen, die Sie sich jeden Tag von neuem stellen sollten, wenn Sie wirklich Erfolg in Ihrem Job haben wollen. Sie gehören nicht unbedingt zu den »typisch weiblichen« Tugenden.

Eine Grundregel, um als Frau im Berufsleben überzeugend auftreten zu können, ist es ja sogar, einige unpraktische »typisch weibliche« Kommunikationsmuster zu verlernen. Erhalten Sie sich nur die wirklich nützlichen davon. Dazu gehören beispielsweise die gestenreichere und bildhaftere Sprache oder die Fähigkeit, gut zuzuhören.

Machen Sie sich im Gegenzug »typisch männliche« Kommunikationsmuster zu eigen: Sagen Sie klar und deutlich Ihre Meinung. Stellen Sie Forderungen für sich selbst und setzen Sie Grenzen, wo sie erforderlich sind. Je fester und selbstbewusster Sie auftreten, desto eher wird es Ihnen gelingen, kritische negative Situationen positiv zu wenden.

Tipp

Vermeiden Sie »typisch weibliche« Gesprächsfallen. Ersetzen Sie eingefahrene Verhaltensmuster, die Sie im Gespräch blockieren, durch selbstbewusstes, schlagfertiges Auftreten. Beachten Sie folgende Regeln – jeden Tag immer wieder aufs Neue –, bis sie Ihnen in Fleisch und Blut übergehen:
Nehmen Sie nicht alles persönlich.
Entschuldigen Sie sich nicht wortreich.
Täuschen Sie keine Hilflosigkeit vor.
Fassen Sie sich kurz.
Vermeiden Sie Füllwörter, wie »hm, ah, tja, aha, also, äh, nun ja«.
Verzichten Sie auf Entschuldigungen, Erklärungen oder die Bitte um Verständnis, wenn Sie Ihre Meinung darstellen möchten.
Wenn Sie um etwas bitten, dann kurz und prägnant.
Spielen Sie Ihre Leistungen nicht herunter.
Fragen Sie nicht zu häufig nach.
Achten Sie darauf, dass Ihre Stimme voll und klar klingt, und sprechen Sie in einem gemessenen Tempo (auf keinen Fall zu schnell).
Achten Sie auf eine selbstbewusste Körpersprache.

Reagieren Sie sicher auf Kritik

Vorwürfen von anderen, die ein Körnchen Wahrheit enthalten, können Sie begegnen, indem Sie auf eine Lösung in der Zukunft verweisen. Geben Sie dem anderen zu verstehen, dass die Angelegenheit noch nicht abgeschlossen ist, und verweisen Sie auf die weitere Entwicklung der Angelegenheit. Das signalisiert Ihrem Gegenüber, dass ein abschließendes Urteil noch nicht angebracht ist.

Wenn Ihnen zum Beispiel Ihr Partner vorwirft: »Warum hast du unsere Tochter immer noch nicht zum Kindergarten angemeldet?«, antworten Sie beispielsweise: »Das habe ich mir für die nächste Woche vorgenommen.«

Wenn Ihr Chef sich beklagt: »Haben Sie die Neufassung des Mailings etwa noch immer nicht drucken lassen?«, antworten Sie gelassen: »Gedruckt wird es heute Nachmittag, kuvertiert dann morgen früh.«

In beiden Fällen gehen Sie nicht auf den Vorwurf ein, sondern verweisen auf die Zukunft. Auf diese Weise können Sie zusätzlich zeigen, dass Sie die Sache im Griff und eine sinnvolle eigene Planung haben, an die Sie sich halten.

Nehmen Sie nicht alles persönlich

Zu Ihrem sicheren und klaren Auftreten nach außen gehört es, dass Sie nicht nur bestimmte körpersprachliche Grundregeln und bestimmte Techniken im Gespräch beherzigen. Sie brauchen auch psychologisches Fingerspitzengefühl und müssen lernen, genau hinzuschauen und hinzuhören.

Frauen eilt der Ruf voraus, sie seien einfühlsamer als ihre männlichen Kollegen. Diese Eigenschaft kann jedoch dazu führen, dass sie sich durch Attacken besonders getroffen fühlen und Vorwürfe leichter persönlich nehmen. Ihr Schutzschild ist weniger ausgeprägt. Dabei ist es gerade im Beruf und Geschäftsleben immer wieder wichtig, eine sachliche Ebene herzustellen und gewisse Dinge einfach nicht so ernst zu nehmen. Wenn Männer harsch eine Meinung vertreten, geht es ihnen fast immer nur um die Sache, nicht um die Person. Frauen funktionieren von ihrer Wesensart anders, sie beziehen Auseinandersetzungen häufig auf sich selbst. Wenn Sie mit Männern diskutieren, dürfen Sie vieles nicht so persönlich nehmen – es ist fast nie so gemeint.

Niemand füllt allein ein Fass bis zum Überlaufen

Stellen Sie sich vor, Sie betreten das Büro einer Kollegin und bitten sie freundlich um eine bestimmte Akte. Plötzlich und für Sie völlig unerwartet passiert folgendes: Ihre Kollegin explodiert, noch bevor Sie Ihre Bitte ausformuliert haben, und beklagt sich aggressiv darüber, warum Sie immer nur stören und sie bei der Arbeit behindern wollen. Was ist geschehen? Wie sich auf Ihre Nachfrage herausstellt, hatte sie kurz vorher ein sehr unerfreuliches Gespräch mit ihrem Chef und ist entsprechend geladen. Das Fass, das durch Ihre Anfrage zum Überlaufen gebracht wurde, haben nicht Sie gefüllt. Die Reaktion Ihrer Kollegin hatte überhaupt nichts mit Ihrer Bitte oder mit Ihnen persönlich zu tun.

Im beruflichen Alltag kommt es häufig zu derartigen Situationen. Wir sind alle keine Maschinen und jeder von uns sieht sich gleichzeitig mit den verschiedensten Anforderungen konfrontiert. Ziehen Sie sich in solchen Konfliktsituationen deshalb nicht betroffen oder beleidigt zurück, sondern sagen Sie sich zuerst innerlich: »Sie/er hat im Moment Stress. Das hat überhaupt nichts mit mir zu tun.« In aller Regel hat derjenige, der angreift, selber ein Problem. Machen Sie nicht sein Problem zu Ihrem.

Halten Sie dem anderen einen Spiegel vor

Jeder, der etwas Unangenehmes ausspricht, gibt etwas von sich preis. Ein innerer Druck sucht ein Ventil, das meistens nicht an der Stelle austritt, wo die wahre Ursache liegt. Halten Sie der Kollegin in unserem Beispiel den Spiegel vor und fragen Sie ruhig und selbstbewusst: »Bin ich die einzige, die dir heute Stress verursacht?« Mit diesem Satz signalisieren Sie, dass Sie sich nicht betroffen fühlen. Sie zeigen, dass Sie wissen, was gerade mit ihr los ist. Dann werden Sie in der Regel erfahren, worum es bei ihrem oder seinem Gefühlsausbruch wirklich ging. Eventuell entschuldigt sich Ihr Gegenüber sogar bei Ihnen für sein unbeherrschtes Verhalten.

Denken Sie daran: Sie können Ihre Angreiferin oder Ihren Angreifer nie ändern. Aber Sie können gelassen bleiben und so dafür sorgen, dass sich Ihre Stimmung auf den anderen überträgt und er sich etwas entspannt.

> **Tipp**
>
> Bleiben Sie gelassen, wenn Sie im Job mit den Gefühlen anderer konfrontiert werden, auch wenn Sie sich im ersten Moment angegriffen fühlen. Machen Sie sich bewusst, dass nicht Sie persönlich gemeint sind, sondern andere Ursachen eine Rolle spielen können. Versuchen Sie stattdessen, Ihre gute Laune zu behalten und sich nicht den Tag verhageln zu lassen!

So überzeugen Sie am Telefon

Sie kennen das: Ihr Schreibtisch ist übervoll, der Terminkalender quillt über und Sie kommen zu nichts, weil ständig das Telefon klingelt. Es ist erwiesen, dass das Telefon heute einen der größten Stressfaktoren im Berufsleben darstellt. Wie können Sie erreichen, dass das Telefon wirklich zu dem Instrument wird, als das es ursprünglich gedacht war: eine höchst effiziente Erfindung zur schnelleren Kommunikation über Distanzen.

Dazu sollten Sie sich zunächst einen Umstand deutlich machen, den viele übersehen, weil er so selbstverständlich erscheint: Ihr Erfolg am Telefon wird nicht durch äußerlich sichtbare Attribute wie Ihre Attraktivität, Ihre körpersprachlichen Signale oder Ihre Kleidung beeinflusst. Noch gibt es glücklicherweise kaum Büros, die mit Bildtelefonen ausgestattet sind. Ihre »Unsichtbarkeit« ist eine der Grundlagen für erfolgreiches Telefonieren.

Am »heißen Draht« erfolgreich überzeugen

Bei einem Telefonat gelten andere Regeln als bei einem persönlichen Gespräch. Der Grund: Sie können Ihre Körpersprache nicht einsetzen. Diesen Umstand können Sie bei jedem Telefongespräch auch zu Ihrem Vorteil nutzen: Denn am Telefon können Sie (fast) jedes Bild von sich vermitteln, das Sie möchten. Sie können leichter verhandeln und gelassener reagieren, als wenn Sie durch die körperliche Gegenwart Ihres Gegenübers beeinflusst werden. Ihr Image kann gewinnen und vor allem bei Erstgesprächen haben Sie die Chance, unabhängig von Aussehen und Körpersprache sofort einen guten Eindruck zu vermitteln.

So telefonieren Sie mit Erfolg

Nehmen Sie den Hörer möglichst nach dem zweiten und vor dem dritten Klingeln ab. Denn längere Wartezeiten erzeugen beim Anrufer ein schlechtes Gefühl.

Lassen Sie Anrufer nicht länger als eine Minute in der Warteschleife verweilen. Kündigen Sie die Unterbrechung des Gesprächs mit einer freundlichen Frage an, etwa so: »Ich muss Sie einen Augenblick warten lassen. Ist das in Ordnung?«

Lassen Sie Ihre Stimme warm und freundlich klingen. Melden Sie sich mit Ihrem Namen. Signalisieren Sie Ihre Servicebereitschaft: »Martina Huber. Was kann ich für Sie tun?«

Rattern Sie nicht in Maschinengewehrgeschwindigkeit Ihren Melde-Spruch in den Hörer, sodass niemand Ihren Namen versteht. Machen Sie unbedingt eine kurze Pause nach der Nennung des Firmennamens und vor Nennung Ihres eigenen Namens, der viel wichtiger ist. Nur so hat der andere eine Chance, Ihren Namen zu verstehen.

Lächeln Sie, bevor Sie zu sprechen beginnen. Das gibt Ihrer Stimme einen entspannten und freundlichen Klang.

Achten Sie auf Ihre Körperhaltung. Auch sie wirkt sich auf Ihre Stimme aus. Sitzen Sie möglichst aufrecht oder stehen Sie beim Telefonieren.

Sprechen Sie den Anrufer möglichst oft mit Namen an. Damit signalisieren Sie ihm Aufmerksamkeit, Respekt und Sympathie und geben dem Gespräch unabhängig vom Gesprächsinhalt eine positive Basis.

Achten Sie auf Ihre Wortwahl: Unsicherheitsfloskeln wie »vielleicht, mal sehen, möglicherweise« sollten Sie vermeiden. Ihre Sprache sollte positiv sein. Signalisieren Sie immer, was Sie leisten können, und nicht, was Sie nicht leisten können. Statt »Bis Freitag können wir das auf keinen Fall schaffen!«, sagen Sie beispielsweise: »Ich habe alles notiert und sorge dafür, dass Ihr Auftrag bis nächsten Montag erledigt wird.«

Behandeln Sie einen Anruf nie als Störung. Vereinbaren Sie gegebenenfalls freundlich einen Zeitpunkt für einen Rückruf. Bieten Sie wenn möglich Ihre Hilfe an. Schlagen Sie dem Anrufer vor, zurückzurufen, nachdem Sie sich im Haus nach einer Problemlösung erkundigt haben. Ein Standardsatz dazu lautet: »Ich werde in der Abteilung XY nachfragen und Sie anschließend informieren.«

Hören Sie aufmerksam zu und bestätigen Gehörtes mit einem »Ja« oder »Ich verstehe«, ohne jedoch den anderen zu unterbrechen. Wiederholen Sie komplizierte Sachverhalte, damit keine Missverständnisse entstehen.

Lassen Sie sich durch niemanden ablenken und machen Sie sich bei längeren Gesprächen Notizen.

Wenn Sie Anrufe verbinden, teilen Sie dem Anrufer den Namen der Person und die richtige Durchwahl zur Assistenz mit. Erklären Sie niemandem, warum ein Kollege oder eine Kollegin gerade nicht erreichbar ist! Standardformulierungen können folgendermaßen lauten: »Er (oder sie) ist gerade nicht im Haus. Wann können wir Sie am besten zurückrufen?«, anstatt: »Er ist krank«, oder: »Sie ist gerade in der Mittagspause.«

Lassen Sie sich den genauen Namen des Anrufers und seines Unternehmens sowie seine Telefonnummer mit Vorwahl geben. Fragen Sie nach der korrekten Schreibweise und ob er eine Nachricht hinterlassen will. Lesen Sie die Nachricht zur Kontrolle noch einmal vor. Uhrzeit und Datum mit Ihrem Kürzel ergänzen die Mitteilung.

Setzen Sie ans Ende des Gesprächs immer ein freundliches »Danke für Ihren Anruf, Frau Kaiser, ich werde Ihre Nachricht an Herrn Schulz weiterleiten.«

Messen Sie Namen große Bedeutung bei

Genauso wichtig wie Freundlichkeit und Engagement am Telefon ist gutes Zuhören. Wenn es Ihnen gelingt, Ihrem Gesprächspartner am anderen Ende der Leitung das Gefühl zu vermitteln, dass er wichtig ist und von Ihnen ernst genommen wird, tun Sie gleichzeitig eine Menge für Ihr gutes Image. Wir haben bereits erwähnt, wie wichtig es ist, den anderen immer wieder mit seinem (korrekt ausgesprochenen!) Namen anzusprechen. Im Zweifelsfall lassen Sie sich bei einem Erstkontakt die genaue Schreibweise des Namens geben.

Das kennen Sie selbst auch. Es ist wesentlich angenehmer und zeugt von großer Aufmerksamkeit Ihres Gegenübers, wenn er oder sie Ihnen das Gefühl vermittelt, sich für Sie zu interessieren, Ihre Person und damit auch Ihr Anliegen zu würdigen.

Der Name ist das wichtigste Wort im Leben eines jeden Menschen. Aufmerksamkeit gegenüber dem Namen signalisiert die Achtung für die Person.

Den Faden immer wieder aufnehmen

Eine andere Strategie besteht darin, den Faden des Gesprächs immer wieder aufzunehmen und den Aussagen Ihres Gegenübers damit ein besonderes Gewicht beizumessen. Wiederholen Sie dazu einfach Kerninhalte des Gesprächs, die vom anderen formuliert wurden, oder fassen Sie diese in eigenen Worten zusammen.

Gerade in angespannt verlaufenden Gesprächen kann das die Situation entkrampfen. Sie nehmen das Tempo heraus und wirken gleichzeitig als einfühlsame und aufmerksame Zuhörerin. Sie haben die Situation im Griff, ohne den Gegenüber am anderen Ende der Leitung zu dominieren, und bezeugen Verständnis.

> **Tipp**
>
> Standardformulierungen zu der Strategie des guten Zuhörens am Telefon lauten: »Wie Sie gerade erwähnt haben ...«, »Was Sie gerade gesagt haben, gefiel mir besonders gut« oder »Sie sagten gerade ... «.

So gehen Sie mit telefonischen Beschwerden um

Die Chancen, die sich mit Hilfe des Telefons für eine gute Selbstdarstellung ergeben, haben wir eben besprochen. Was geschieht jedoch, wenn Ihr Gesprächspartner Sie am Telefon mit einer unangenehmen Situation konfrontiert? Beschwerden werden häufig sehr emotional, unfair und laut vorgetragen. Wenn auf diese Weise Reklamationen, geplatzte Termine oder Urlaubsverschiebungen moniert werden, löst das bei vielen Frauen zunächst Hilflosigkeit aus.

Eine besondere Form der Erwiderungsfähigkeit ist jetzt gefragt. Man nennt sie »konfliktfreies Formulieren«. Bei Beschwerden geht es in aller Regel nicht darum, den Angreifer in die Flucht zu schlagen oder auf seinen Platz zu verweisen, sondern ihn als Kunden oder Geschäftspartner behalten und zufrieden stellen zu wollen. Ein unzufriedener Kunde erzählt seine schlechten Erfahrungen zwanzig anderen Personen weiter. Bevor Sie sich also in eine Verteidigungshaltung drängen lassen, führen Sie sich immer den Zweck und das Ziel eines Beschwerdegesprächs vor Augen: Der Konflikt muss beigelegt und ein konstruktives Gesprächsklima hergestellt werden. Dabei ist es besonders wichtig, auf klare Formulierungen zu achten und jede Form von Belehrung oder Ironie zu vermeiden. Hören Sie zunächst einmal zu. Lassen Sie den anderen ausreden. Er soll seinen prallen Beschwerdeballon erst einmal leeren. Dann ist der größte Druck schon weg.

Bleiben Sie verbindlich und nehmen Sie Angriffe nicht persönlich. Versuchen Sie eine positive Grundeinstellung zum Anrufer zu behalten, auch wenn er sehr aufgebracht redet.

Wiederholen Sie in Ihren Worten die Sichtweise des Anrufers und fügen Sie an, dass er durch den Fehler der Firma hat leiden müssen. Zum Beispiel: »An Ihrer Stelle hätte ich mich da auch aufgeregt.«

Ermitteln Sie in einem ersten Schritt das konkrete Anliegen des Anrufers. Dabei zeigen Sie Interesse und Entgegenkommen.

Arbeiten Sie mit Fragen das Kernproblem heraus und erkennen Sie es dem Anderen gegenüber als wichtig an. Bieten Sie Lösungsmöglichkeiten an: »Ich verstehe, dass die Unterlagen für Sie wichtig sind. Wenn es Ihnen recht ist, werden wir die Originale noch einmal für Sie kopieren und Ihnen umgehend zukommen lassen.« Geben Sie in kleinen Problemen nach. So signalisieren Sie Flexibilität und Entgegenkommen. Vermeiden Sie Schuldanerkenntnisse, Rechtfertigungen und Versprechen wie: »Es wird nie wieder vorkommen.« Betonen Sie die lösungsorientierten Teile des Gesprächs. Verleihen Sie Ihrer Hoffnung Ausdruck, dass die Probleme in Zukunft besser gelöst werden.

> **Tipp**
>
> Geben Sie Ihrem Gegenüber die Möglichkeit, Ärger oder Wut zu formulieren und seinen Unmut loszuwerden. Dabei signalisieren Sie Interesse an seinem Standpunkt mit Sätzen wie »Ich sehe, Sie sind verärgert – was ist der Grund dafür?« oder »Ich habe den Eindruck, dass Sie mit etwas noch nicht einverstanden sind. Worum geht es Ihnen dabei?«. So können Sie bei Beschwerden konfliktfrei formulieren: »Ja, sicherlich ...«; »Der Zusammenhang sieht in diesem Fall so aus«; »Ich verstehe, was Sie meinen. In unserem Haus jedoch ... «; »Dazu kann ich Ihnen einen Tipp gehen«; »Ich habe mich unklar ausgedrückt, ich meinte ...«; »Ja, das schätzen Sie zutreffend ein. Wären Sie damit einverstanden, dass ...«

Souverän im Meeting

Situationen, in denen sich weibliche Schlagfertigkeit am besten beweisen kann, sind die in einer größeren Runde. In vielen Unternehmen ist es heute üblich, zur gegenseitigen Information und Abstimmung regelmäßige Meetings abzuhalten. Diese Termine sind eine ideale Bühne, um sich zu profilieren und seine Position zu festigen oder auszubauen. Genauso wie auf Präsentationen wirken sich hier die Beherrschung von Kommunikationsstrategien und geschicktem Kontern besonders aus. Auf den folgenden Seiten zeige ich Ihnen, wie Sie Ihr schlagfertiges Verhaltensrepertoire für diese Gelegenheiten erweitern können und welche körpersprachlichen Tricks Sie in diesen Situationen beherzigen sollten.

Klare Worte für Ihr sicheres Auftreten

Sie haben bisher einige Anregungen gefunden, verbal zu handeln, anstatt nur zu reagieren und sich zu rechtfertigen, wenn Sie mit Angriffen konfrontiert werden. Die folgenden Punkte haben sich gerade bei der weiblichen Gesprächsführung als bedeutsam erwiesen. Berücksichtigen Sie sie künftig, wenn Sie an einem Meeting aktiv teilnehmen.

Vertreten Sie Ihre Position, ohne sich einzuschränken. Sagen Sie: »Ich bin eindeutig für ...« und nehmen Sie sich die Zeit, klare Argumente für Ihren Standpunkt vorzutragen, ohne dabei zu schnell zu reden.

Schalten Sie sich in die Diskussion ein, ohne einleitende Floskeln zu verwenden wie: »Darf ich dazu auch mal etwas sagen?«, »Ich würde gerne eine Frage stellen.« oder »Ich bin keine Spezialistin, aber könnte es vielleicht sein ...?«

Wenn jemand in seinen Ausführungen negativ über Sie spricht, unterbrechen Sie ihn unmittelbar und stellen Sie die Sachlage richtig. Wenn Sie im schlechten Licht dargestellt werden, dürfen Sie nicht warten, bis der andere ausgeredet hat.

Sobald jemand Sie abwertet, lächerlich macht oder nicht ernst nimmt, gehen Sie nicht inhaltlich auf den Angriff ein, sondern kommentieren die Art des Angriffs und bewerten ihn negativ. Im Anschluss isolieren Sie den Angreifer in der Gruppe als Schuldigen für eine uneffektive Sitzung. »Ich bitte Sie, sachlich zu bleiben, so wie wir es in dieser Firma gewohnt sind. Wir alle wollen zügig zu einem Ende kommen.«

Achten Sie darauf, dass das Thema, um das es Ihnen geht, beibehalten wird: »Wir haben das nicht zu Ende besprochen. Wichtig ist noch ...«

Vermeiden Sie in jedem Fall, angespannt oder beleidigt zu wirken, sondern bleiben Sie klar und präzise.

Lassen Sie sich Unterbrechungen nicht gefallen. Entgegnen Sie: »Einen Augenblick! Ich bin noch nicht fertig!« oder: »Sie haben mich jetzt mehrmals nicht ausreden lassen.«

Werden Sie unübersehbar

Wichtig für den Vortrag, die gelungene Präsentation, aber auch Ihren Auftritt im Morgenmeeting ist die perfekte Abstimmung Ihrer nonverbalen Kommunikation mit Ihrer Sprache. Beobachten Sie sich dazu kritisch, machen Sie sich Schwächen klar, die Sie unter Umständen behindern, und verändern Sie sie zum Positiven. Studien haben gezeigt, dass Frauen dazu neigen, bestimmte körpersprachliche Signale vor allem im Beruf zu ihrem Nachteil einzusetzen. Einige davon haben Sie vielleicht auch schon an sich selbst beobachtet.

Lächeln Sie nicht zu viel und vor allem nicht zum falschen Zeitpunkt. Übertriebenes Lachen und Lächeln signalisieren Unsicherheit und Nervosität. Beobachten Sie sich, wenn Sie nervös werden, und achten Sie darauf, dass Ihre Gesichtszüge entspannt bleiben und nicht verbissen wirken.

Vermeiden Sie Unterwürfigkeitsgesten wie den Kopf zur Seite zu neigen oder ständig zu nicken. Vor allem im Zusammenhang mit Rückfragen schwächen Sie durch eine solche Geste Ihre Wirkung. Bei Männern verstärken Sie dadurch den Eindruck, ein kleines Mädchen vor sich zu haben.

Je besser Sie Ihre Körperhaltung koordinieren, desto selbstbewusster wirken Sie. Auf Seite 19 habe ich Ihnen gezeigt, worauf Sie dabei achten sollten.

Wenn Sie mit einer Person reden, die größer ist als Sie, vermeiden Sie es, Ihren Kopf nach hinten zu legen. Gehen Sie stattdessen ein paar Schritte zurück, um ihm oder ihr problemlos in die Augen zu sehen.

Am Konferenztisch sollten Sie nicht die Hände vor sich falten und keinesfalls nach unten sehen. Lehnen Sie sich locker zurück, sehen Sie entspannt in die Runde und halten Sie den Augenkontakt zu Ihrem jeweiligen Gesprächspartner.

Spielen Sie nicht an Ihrem Schmuck oder an den Haaren herum. Ihre Gesten sollten entschlossen, selbstbewusst und selbstverständlich wirken.

Wenn Sie mit Ihrem Sitznachbarn sprechen, achten Sie darauf, immer eine Armlänge Abstand zu wahren.

Unerwünschten Fragen kann man ausweichen

In Meetings ist jeder darauf bedacht, die eigene Leistung, das eigene Produkt oder die eigene Abteilung im richtigen Licht darzustellen. Das wird jedoch schwierig, wenn allzu detaillierte Fragen gestellt werden. Vielleicht wollen Sie über einen konkreten Projektstatus noch nicht alles verraten oder es gibt in einer Angelegenheit offene Fragen, die Sie nicht an die große Glocke hängen wollen.

Wie schaffen Sie es nun, auf Fragen, die Ihnen unangenehm sind, nicht antworten zu müssen? Ganz einfach: Sie weichen wie ein erprobter Politiker oder Krisenmanager den Fragen geschickt aus und nutzen dabei die Gelegenheit, sich selbst oder Ihr Produkt im guten Licht darzustellen.

Trainieren Sie auszuweichen

Die Technik selbst ist gar nicht so kompliziert, ihre Anwendung erfordert allerdings etwas Fantasie und vor allem Übung. Proben Sie die Methode vorher in gespielten Situationen, zum Beispiel mit einer guten Freundin. Dadurch können Sie Ihr Gespür für den richtigen Umgang mit solchen unerwünschten Fragen schärfen.

Reagieren Sie auf jede unerwünschte Frage, indem Sie Ihre Antwortbereitschaft signalisieren. Nehmen Sie dann das zentrale Stichwort aus der Frage auf und machen Sie eine beliebige Aussage dazu, so als wollten Sie die Beantwortung der Frage einleiten.

Dann leiten Sie über zu Inhalten, die Sie gerne transportieren möchten. Das kann der Verweis auf Ihren bisherigen Erfolg in der angesprochenen oder einer anderen Angelegenheit sein. Sie müssen nur die sprachliche Überleitung dazu formulieren. Vermeiden Sie dabei Pausen in Ihren Ausführungen, damit niemand in Versuchung gerät, mit der ursprünglichen Frage nachzuhaken.

Achten Sie auf einen verbindlichen Ton, der Ihren Zuhörern signalisiert: »Ich beantworte die gestellte Frage.« In Erwartung des entscheidenden Details werden Ihnen alle Anwesenden aufmerksam zuhören.

Gestalten Sie Ihre Ausführungen etwas ausführlicher und bauen Sie dabei immer wieder Formulierungen oder Stichworte aus der ursprünglichen Fragestellung mit ein. Auf diese Weise geben Sie dem anderen das Gefühl, seine Frage ernst zu nehmen, und gewinnen selbst Zeit, über das Thema Ihrer Wahl zu sprechen.

Wenn Sie zum Beispiel gefragt werden: »Wer trägt die Verantwortung dafür, dass in Ihrer Abteilung die Termine nicht eingehalten wurden?«, könnten Sie folgende Antwort geben: »Die Termine sind im Sommer festgelegt worden. Damals hatten wir eine Sitzung abgehalten, bei der noch nicht alle Gegebenheiten berücksichtigt werden konnten. Wir haben in unserer Abteilung Überstunden ohnegleichen gemacht. Unsere Mitarbeiter haben den höchsten Qualifikationsstand in der ganzen Firma, und wir sind bekannt dafür, genaue Arbeit zu leisten.« – Wer nun die Verantwortung trägt, haben Sie mit keinem Wort erwähnt.

> **Tipp**
>
> Um Fragen erfolgreich auszuweichen, verwenden Sie Wendungen wie: »Eine interessante Frage. Bevor ich darauf antworte, möchte ich anmerken, dass ...«, »Ich verstehe, was Sie meinen. Die Frage stellt sich allerdings etwas differenzierter. Sie wissen, dass ...«, oder »Ich denke, nicht auf diese Weise ...«.

Fit auf Präsentationen

Wie Sie sich sicher und schlagfertig in einer Gruppe präsentieren, haben Sie auf den vorangegangenen Seiten gesehen. Jetzt zeige ich Ihnen, worauf es ankommt, wenn Sie vor einer Gruppe sprechen. Für Positionen, in denen Initiative, Kreativität und Entscheidungsfähigkeit gefragt sind, wird im Zweifelsfall immer die Frau bevorzugt werden, die sich selbst und Ihre Projekte sicher und selbstbewusst präsentieren kann, ohne dabei ihr Team aus den Augen zu verlieren. Die Kunst der Selbstdarstellung und des sicheren Umgangs mit Worten ist heute nicht nur in kommunikativen Berufen wie etwa in Agenturen, Verlagen oder beim Fernsehen gefragt. Auch Frauen in anderen Branchen sind auf dieses Know-how angewiesen, um Selbstsicherheit und Souveränität zu vermitteln und sich auf der Karriereleiter zielsicher nach oben zu bewegen.

So erreichen Sie entspannt Ihr Publikum

Jeder von uns hat von Natur aus die Fähigkeit, das, woran ihm wirklich liegt, auch in Worten auszudrücken. Je natürlicher und selbstbewusster wir etwas vortragen, desto mehr Vertrauen erwecken wir beim anderen. Und: Nur so überzeugen Sie andere. Das ist das Ziel jeder gelungenen Präsentation und jedes Vortrags.

»Gut«, sagen Sie vielleicht, »aber warum wird mir vor jeder Präsentation übel, warum zittern meine Hände und meine Knie? Und warum weiß ich, dass ich keinen Ton herausbringen werde? Geschweige denn, dass ich auf kritische Zwischenfragen eine schlagfertige Antwort parat habe?« Trösten Sie sich: Selbst Schauspieler, die seit Jahrzehnten auf der Bühne oder vor der Kamera stehen, kennen dieses Gefühl der Angst. Lampenfieber macht selbst erfahrenen Profis zu schaffen. Mick Jagger wurde vor einer seiner letzten Welttourneen gefragt, ob er nach so vielen Jahren noch Nervosität vor dem Konzert empfinde. Seine Antwort war: »Wer vor 60 000 Leute tritt und nicht nervös ist, ist einfach nicht normal.« Und dieser Mann hat schließlich 40 Jahre Routine hinter sich.

Legen Sie Ihre innere Messlatte nicht zu hoch

Viele Frauen, die mit Ihrem Lampenfieber oder mit Verspannungen kämpfen, haben ein gemeinsames Problem. Sie besitzen ein sehr hohes Leistungsideal für sich selbst. Sie meinen, ein bestimmtes Erscheinungsbild erreichen zu müssen, um von anderen geschätzt zu werden. Diese innere Messlatte ist meist unrealistisch hoch gesteckt. Die Folge: Auch bei guten Leistungen sind die Frauen unzufrieden mit sich selbst und wirken verspannt und unsicher. Der erste Schritt muss daher lauten: Überprüfen Sie Ihre persönlichen Erwartungen und notieren Sie, wo Sie bisher gute Leistungen gebracht haben. Streichen Sie Unerreichbares und hören Sie vor allem auf, sich selbst zu kritisieren. Das ist Gift für Ihr Selbstwertgefühl.

Was tun bei Lampenfieber?

Akzeptieren Sie Ihre Nervosität – alle haben Lampenfieber. Nervosität beim Reden hat nichts mit mangelndem Selbstbewusstsein zu tun. Nervosität vor dem Reden ist normal. Sie gehört zu den Urängsten der Menschheit, genauso wie die Höhenangst oder die Angst vor der Dunkelheit. In der Zeit, als der Mensch noch in Höhlen lebte und jeder einzelne Stamm und jede Sippe ihr Territorium gegenüber den anderen verteidigen mussten, war jeder Angreifer, der sich vor einer unbekannten größeren Menge exponierte. Aus der anonymen Masse konnte er mit einem Speer oder Wurfpfeil getötet werden. Diese Urangst steckt noch in uns allen.

Um es einmal deutlich zu sagen: Der beste aller Tricks gegen Lampenfieber, der alle anderen Methoden um Längen schlägt ist: Übung, Übung, Übung. Reden Sie so oft wie möglich vor Publikum. Mit Routine bekommen Sie die Nervosität in den Griff. Daher empfehle ich Ihnen auch dringend den Besuch eines Rhetorik-Seminars.

Beginnen Sie Ihre Rede mit der doppelten Lautstärke, die Sie normalerweise haben. Sie beeinflussen dadurch Ihr Angstgefühl. Durch die Lautstärke signalisieren Sie Ihrem Hirn: »Der Hirnbesitzer ist heute ganz schön gut drauf. Das Selbstbewusstsein kann hochgefahren werden!«

Sie können immer nur einen Gedanken denken. Das nutzen wir aus und steuern unsere Gedanken. Sagen Sie sich: »Ich hab euch was Tolles mitzuteilen. Ich hab euch was Tolles mitzuteilen. Ich hab euch was Tolles mitzuteilen.« Dadurch konzentrieren Sie sich auf den Inhalt Ihrer Rede statt auf das bedrohliche Publikum oder das, was schief gehen könnte.

Lernen Sie den ersten Satz Ihrer Rede auswendig. Der Beginn einer Rede ist der schwierigste Teil. Wenn Sie den ersten Satz auswendig kennen, gibt Ihnen das Sicherheit.

So präsentieren Sie erfolgreich

Lassen Sie Ihre Bilder in den Köpfen des Publikums entstehen. Und sprechen Sie Umgangssprache, nicht Schriftsprache. Wenn sich eine Rede gut liest, dann ist es häufig eine schlechte Rede.

Ihre Rede wirkt nur, wenn Sie von Ihrem Thema erfasst und authentisch sind.

Machen Sie keine Aussage ohne Beispiel.

Nicht jedes Argument muss erwähnt werden. Der Tod einer mitreißenden Rede ist, alles erwähnt zu haben.

Jede Aussage, die nicht interessant wirkt, kann ersatzlos gestrichen werden.

Jedes kleine Mosaiksteinchen, das zusätzlich Spannung, Sympathie, Spaß und Show in den Vortrag bringt, macht Ihre Rede insgesamt zu einem Highlight.

Ein Vortrag darf nur so lange dauern, wie die Zuhörer noch mehr hören wollen. Sie müssen abbrechen, bevor das Publikum sich gesättigt abwendet. Ein Feuerwerk über drei Stunden ist kein gutes Feuerwerk. Die Zuhörer müssen noch neugierig auf mehr sein, wenn die Präsentation endet. Dann war sie gut.

Sprechen Sie klar aus: Welche Vorteile hat mein Anliegen für das Publikum oder welche möglichen Nachteile lassen sich vermeiden?

Beschreiben Sie konkrete Beispiele, die unter die Haut gehen. Stärken Sie das Selbstbild des Publikums. Appellieren Sie an allgemein anerkannte Werte. Zum Beispiel: »Wenn wir was machen, machen wir es richtig!«

Machen Sie den Beginn Ihres Vortrags spektakulär. Beginnen Sie mit etwas Überraschendem.

Erzählen Sie möglichst oft eigene Erlebnisse. Jedes Publikum gerät in einen Zuhörzwang, wenn Sie die magischen Worte sagen: »Das erinnert mich an eine Geschichte ... «

Stehen Sie während der Präsentation so, als ob Sie wie eine Marionette an einem Seil aufgehängt wären. Laufen Sie nicht herum. Je kürzer der Vortrag, desto stabiler müssen Sie stehen. Schauen Sie immer Ihrem Publikum in die Augen. Halten Sie verbindlichen Blickkontakt.

Sie können an jedes Thema mit der Struktur herangehen: Was war? – Was ist? – Was soll sein?

Bilden Sie kurze Sätze. Lieber zwei Sätze aus einem machen. Machen Sie aus jedem Hauptwortsatz einen Satz mit Verb. Verben haben einen größeren Emotionalwert.

Reden Sie häufig in der Gegenwart. Untersuchungen haben ergeben, dass die Zuhörer dabei am aufmerksamsten sind.

Vermeiden Sie Relativsätze. Anstatt eines Relativsatzes machen Sie lieber zwei einzelne Sätze.

Vermeiden Sie »und«-Sätze. Machen Sie lieber zwei Sätze daraus. Das »und« kann man fast immer durch einen Punkt ersetzen.

Verwenden Sie lieber Bilder als das korrekte Fachwort. Kaufleute sollten zwar wissen, was Debitoren-Rechnungen sind. Aber mit der Beschreibung »Rechnungen, bei denen Sie Geld bekommen«, weiß jeder andere auch, was gemeint ist.

Weg mit den Hauptwort-Monstern wie Einfachheit, Verabschiedung, Arbeitslosigkeit, Kommunikation, Kostenersparnis, höhere Flexibilität, Kundenzufriedenheit, Arbeitsplatzsicherung, Restrukturierungsmaßnahme, Kernkompetenz, Preis-Leistungs-Verhältnis und so weiter. Das ödet nur an.

Worthülsen, die nicht mehr benutzt werden sollten: kommunizieren, dynamisch, innovativ, modifizieren, effektiv, flexibel, effizient, optimal, zukunftsorientiert.

Vermeiden Sie vage Ausdrücke und »Weichmacher« wie: vielleicht, ein bisschen, etwas, einige, es gibt, und so weiter, eigentlich, ich würde gerne.

Was tun bei Versprechern?

Sprechen Sie natürlich, so wie im alltäglichen Leben. Locker und unverkrampft. Versuchen Sie um Himmels willen nicht, eine seriöse Maske aufzusetzen. Die Menschen lieben es, wenn jemand beim Vortrag humorvoll ist und auch über sich selbst lachen kann. Das können Sie auch bei Versprechern, die jedem von uns passieren, beherzigen.

Andreas Ackermann, dem bekanntesten Schweizer Mentaltrainer, unterlief bei einem Seminar einmal folgender Versprecher: »Sie hat die Übung eine Zeit gemacht und dann schlafte sie ein ... (Gedankenpause), äh nein, ... schlufte sie ein.« Ackermann ließ aus dem Versprecher einen Gag werden, indem er ganz spontan den Versprecher absichtlich noch einmal verdrehte und falsch aussprach.

Das ist eine Möglichkeit, die auf Ihr Publikum sehr sympathisch wirkt. Eine andere ist, den Versprecher einfach unkommentiert stehen zu lassen und ohne Pause im Text fortzufahren.

> **Tipp**
>
> Sollten Sie einmal einen Schachtelsatz gebaut haben, aus dem Sie nicht mehr herausfinden, unterbrechen Sie sich und sagen so etwas wie: »Das war ein sehr gelungener Satz. Nur wo habe ich angefangen? Und vor allem: Wo wollte ich aufhören?« Ihr Publikum wird durch Ihre Selbstironie nicht nur Ihre Kompetenz, sondern auch Ihre spontane Schlagfertigkeit schätzen und Ihrem Vortrag mit großem Interesse folgen.

Störende Kommentare im Keim ersticken

Unterscheiden Sie bei Zwischenrufen und Zwischenfragen: Ist es eine Zwischenfrage, die eine Information erfragt, die Sie leicht geben können: »Wo kann man das kaufen?« Oder ist es eine Bemerkung, die Sie verletzen soll. »Das ist doch nur Theorie!« Sie können unsachliche Zwischenrufe auch immer ignorieren. Wenn Sie sich zu einer Antwort entschließen, dann auf jeden Fall kurz und knapp. Machen Sie beispielsweise eine inhaltliche Richtigstellung: »Das ist keine Theorie, das ist reine Praxis.«

> **Tipp**
>
> Wenn Sie bei Ihrer Rede unsachlich attackiert werden, geben Sie eine kurze sachliche Richtigstellung. Damit machen Sie deutlich, dass Sie nicht bereit sind, detailliert auf jeden Vorwurf einzugehen, und vermeiden längere Unterbrechungen und Ablenkungen. Halten Sie verbindlich Blickkontakt, während die Frage gestellt wird, und wenden Sie den Blick ab, sobald Sie fertig sind. Fahren Sie danach unbeirrt mit ihrer Rede fort.

Achten Sie auf Störenfriede und Ablenkungsversuche

Eine andere unangenehme Situation, die in einem Vortrag oder bei einer Präsentation entstehen kann, ist die folgende: Einer Ihrer Zuhörer hat nichts Besseres zu tun, als Ihnen ständig ins Wort zu fallen, Sie vor den anderen lächerlich zu machen, Sie mit Fragen zu verunsichern und jede Ihrer Aussagen negativ zu beurteilen. Es fallen Bemerkungen wie »Ja, ich weiß schon ... «, »Dazu haben Sie bis jetzt noch nichts gesagt«, »Das ist doch keine Begründung«, »Sie wiederholen sich«, »Reden Sie sich doch nicht heraus« oder »So ein Unsinn«.

Um solche unangenehmen Situationen zu meistern, gibt es eine Reihe von Strategien. Ich stelle Ihnen jetzt die wirkungsvollsten vor.

Wenn ein Dauerstörer im Publikum sitzt, isolieren Sie ihn, indem Sie die Gruppe hinter sich bringen: »Die anderen möchten den Vortrag gerne hören. Die stört das.«

Sie können auf einen Zwischenruf auch nur zum Schein eingehen. Sie nehmen nur ein Stichwort auf, machen eine allgemeine Aussage und gehen ohne Pause weiter im Text. Oder Sie erklären einfach: »Auf diesen

Zwischenruf habe ich gewartet« oder »Sie haben absolut Recht« oder schlicht »Eben« – und setzen Ihren Vortrag einfach unbeirrt fort.

Kommentieren Sie unsachliche Zwischenrufe mit einem Dämpfer: »Ich bitte Sie, solche unqualifizierten Bemerkungen sein zu lassen.«

Gibt es einen Dauer-Frager, so bestimmen Sie ihn als Protokollanten. »Dürfte ich Sie bitten, diese Frage und eventuell noch kommende Fragen für uns zu notieren?«

Tipp

Es gibt drei Musterantworten für Zwischenrufe, die fast immer passen:
«Lassen Sie mich meinen Vortrag beenden.«
»Ich komme darauf noch zu sprechen.«
»Fragen werden danach behandelt.«

Teamplayer mit Witz

Mit Kollegen und Kolleginnen verbringen wir in der Regel mehr Zeit als mit unseren Freunden, dem Partner und der Familie. Und das, obwohl wir uns die Nachbarn und Nachbarinnen aus dem Büro nicht immer aussuchen können. Hier entstehen mit der Zeit kollegiale Freundschaften, die nicht selten auch die Arbeit im Team verbessern. Von Fall zu Fall können sich zwischen den Schreibtischen aber auch handfeste Feindschaften entwickeln.

Auch wenn die Zusammenarbeit im Büro meist sachlich ist, ist sie sicherlich nicht so ernst, wie Ihnen mancher vielleicht vormachen will. Jeder will im Grunde nichts anderes als Freude im Leben. Nichts ist für das Klima im

Büroalltag hilfreicher als ein »Klassenclown«, der immer für einen Spaß zu haben ist. Trauen auch Sie sich, gelegentlich ein bisschen herumzualbern, irgendwelchen Unfug zu machen und Nebenthemen mal zur Hauptsache zu erheben. Jeder erwartet vom andern, dass er es tut – warum sind Sie nicht die erste? Humor und Spaß sind das Schmiermittel im Räderwerk des Büroalltags. Lassen Sie möglichst häufig mal fünf gerade sein. So sichern Sie sich den Respekt der anderen, den Erfolg gemeinsamer Projekte, aber auch Sympathien. Natürlicher Witz unterstreicht Ihre Persönlichkeit und Sie machen sich das Leben in der Zeit »from eight to five« einfach leichter.

Freundlich delegieren

Wer im Büro Arbeiten delegieren muss, sei es als Team- oder Abteilungsleiterin, als Chefin vom Dienst oder auch einfach unter Kollegen, der weiß, dass es manchmal nicht einfach ist, dabei eine gute Stimmung unter den lieben Kollegen zu erhalten. Jemandem eine Aufgabe zuzuteilen kann zwar für den anderen eine Herausforderung oder sogar Ehre bedeuten, wenn es sich um besonders verantwortungsvolle Aufgaben handelt. Es kann aber auch Unmut hervorrufen. Das ist häufig dann der Fall, wenn es sich um eine der bekannten tausend kleinen Alltagsaufgaben handelt, um die sich niemand wirklich reißt.

Vermeiden Sie Unmut schon im Vorfeld

Mögliche Konflikte im Berufsalltag, die sich aus dem Delegieren von Tätigkeiten ergeben können, lassen sich häufig mit einer ganz simplen, aber wirkungsvollen Methode entschärfen: Setzen Sie auch hier wieder das Wort »Danke« ein. Stellen Sie auf diese Weise die

Aufgabe und gleichzeitig auch sich selbst ins richtige Licht.

Sagen Sie statt »Frau Schmidt, könnten Sie wohl eventuell den Brief für mich kopieren?« lieber freundlich und bestimmt: »Frau Schmidt, kopieren Sie doch bitte diesen Brief für mich. Danke!« So unterstreichen Sie Ihre natürliche Autorität und erreichen vor allem eines: Die Sache wird ohne Murren erledigt.

Wenn sich Ihr Chef oder eine(r) Ihrer KollegInnen häufig im Ton vergreift, beenden Sie beim nächsten Mal das Gespräch direkt nach der unpassenden Bemerkung Ihres Gegenübers mit den Worten »Das ist interessant. Das nächste Mal bitte in einem andern Ton. Danke!« Mit dem »Danke!« geben Sie zu verstehen, dass von Ihrer Seite das Gespräch beendet ist und Sie sich nicht als unterlegen, sondern als Gleiche unter Gleichen fühlen.

> **Tipp**
>
> Ein »Danke!« am Ende eines Aufforderungssatzes signalisiert, dass Sie wissen, was Sie wollen. Während Ihr Gegenüber sich ernst genommen fühlt, weil Sie sich trotz aller Bestimmtheit freundlich äußern, kommt eine zusätzliche Botschaft bei ihm an, die für Sie unschätzbaren Wert hat: Ein geschickt eingesetztes »Danke!« sagt indirekt immer auch: »Ich weiß, was ich will, und ich schätze, dass Sie es für mich tun.«

Bleiben Sie sachlich bei Bosheiten

Es gibt eine schöne Methode, wie Sie unsachliche Attacken entschärfen können. Wiederholen Sie den Vorwurf, inhaltlich, aber mit anderen, nämlich sachlichen Worten. »Ich muss an Ihrem Geisteszustand zweifeln!«, ist kein witziger Spruch, sondern ein massiver Angriff. Formulieren Sie die Attacke in einem solchen Fall einfach höflich um: »Es gefällt Ihnen nicht, was ich sage.« Sie sagen dasselbe, aber in einer netten Art. Damit kompromittieren Sie den Angreifer, der in seiner Unsachlichkeit »geoutet« wird.

> **Tipp**
>
> Bosheiten im Büro- oder im Geschäftsalltag begegnen Sie am besten auf der sachlichen Ebene. Lassen Sie sich nicht auf die Emotionen des Angriffs ein und wiederholen den Angriff so, wie ein wohlerzogener Mensch das ausgedrückt hatte. Formulierungen wie »Sie ärgern sich über ...«, »Sie halten mich für ...« oder »Sie sind wütend« können ihre passende Antwort auf derartige provozierende Äußerungen einleiten.

Schaffen Sie sich einen inneren Schutzschild

Wie bei jedem Angriff auch, so gilt besonders für das Mobbing: Nehmen Sie nichts persönlich! Schaffen Sie sich einen inneren Schutzschild und beziehen Sie die Aggressionen Ihres Gegenübers nicht auf sich.

Gelassenheit heißt das eine Stichwort, Souveränität das andere. Wenn Pannen zu Peinlichkeiten werden und Panik Ihr Gehirn und Ihren Witz blockiert, ist es immer noch besser, sich um eine stabile innere Haltung zu bemühen, als kampflos die Waffen zu strecken und sich womöglich völlig beleidigt zurückzuziehen.

> **Tipp**
>
> Ich garantiere Ihnen: Je selbstsicherer Sie durch Ihren Alltag gehen und je mehr Sie ihre Schlagfertigkeit trainieren, desto seltener wird man Sie attackieren. Je häufiger Ihnen eine witzige Entgegnung über die Lippen kommt – bedienen Sie sich dazu der vielen Beispiele in diesem Buch! –, desto kreativer werden Sie mit der Zeit. Ihnen selbst werden immer öfter witzige Reaktionen und schlagfertige Erwiderungen einfallen.

Niemand ist jederzeit schlagfertig

Selbst wenn Sie Ihre Schlagfertigkeit aktiv trainieren und schon Erfolge mit mehr Frechheit und Witzfertigkeit verbuchen konnten: Es wird immer wieder Situationen geben, die Sie kalt erwischen. Sie haben einen schlechten Tag, sind nicht ausgeschlafen und Ihnen fällt auf einen Angriff, der Ihnen auf dem Flur von Ihrem unsympathischsten Kollegen so ganz nebenbei entgegengeschleudert wird, einfach nichts ein.

Im Zweifelsfall können Sie immer mit folgendem Standardsatz kontern: »Ich lache morgen über Ihre Witze.« Machen Sie sich selbst nicht kleiner, als Sie sind. Akzeptieren Sie, dass Sie niemanden ändern können.

Wie kommen Sie weiter?

Wenn Sie sich für Orte, Termine und Preise für das Seminar »Schlagfertig und erfolgreicher« interessieren, so wenden Sie sich bitte an folgende Adresse:

Pöhm Seminarfactory
Alte Stationsstraße 6
CH-8906 Bonstettten
Telefon: 00 41-(0)44-7 77 98 41
Fax: 00 41-(0)44-7 77 98 42

Chiemgaustraße 116
D-81549 München
Telefon: 00 49-(0)89-68 95 12 05
Fax: 00 49-(0)89-68 95 11 00

E-Mail: poehm@poehm.com
Web: www.poehm.com

Register

A

Ablenkungsversuche 138
Absurdität 36
Affirmation 21 f.
Alltagsschlagfertigkeit 76
Alltagssituation 93
Alternativfragen 98, 105
Angeber 81, 83 f.
Angeberei 82, 84
Angriffe 22 f., 30, 35, 60, 65, 70, 88, 125, 127
kategorisch zurückweisen 69
Anliegen, höheres 72
Anmache im Keim ersticken 59
Antwortreflex 103, 106
Assoziieren, freies 45
Attacken 56, 60, 66, 82, 86, 93, 118, 142
ummünzen 70
unsachliche 141
schlaue Antworten auf 68
Auftreten 8, 33, 116
sicheres 20, 45 115, 117, 127
Augenkontakt 65, 129
Aussage 17, 46, 65, 76, 90, 93, 96, 100, 103, 107, 110 f., 130, 134, 138
Aussprache 41-44, 109
Austeilen 51
Ausweichen 129
Autorität, natürliche 141
Autosuggestion 21

B

Basics 13
Belästigungen entkräften 89
Beruf, absurder 63
Beschwerden, telefonische 124
Bestätigung, positive 99
Blicke, tötende 64
Blickkontakt 56, 70, 107 f., 135, 138
Blondinenwitze 75
Bogen 62
gedanklicher 46 f.
nicht geschlossener 45 f., 57
Bosheiten 141 f.
Business-Schlagfertigkeit 76, 109
Business-Situation 93, 111

D

Delegieren 140
Denken, weibliches 14
Denkpause 53
Denktempo 42

E

Einstecken 51
Entgegenkommen 125
Entscheidungsfrage 38
Erfolg im Job 115
Erfolgreich präsentieren 134
Erwiderungsfähigkeit 124
Erwiderungsfertigkeit 22, 60, 69
Everybody`s Darling 29

F

Faden aufnehmen 123
Feststellungsfragen 65, 96 ff., 100, 107
richtig beantworten 97
Fingerspitzengefühl, psychologisches 117
Flexibilität 136
Formulieren, konfliktfreies 124, 126
Frage 91
Fragen
ausweichen 129
unbeantwortet zurückgeben 105
unerwünschte 129
Fragetechnik 96 f., 99
Fragetypen, steuernde 98
Frauensprache 13
Frechsein 28, 33 f.
Fremdsprachen lernen 44
Fremdwort 34
Frotzeln 94

G

Gefühlskurve 86
Gegenangriff
versteckter 36, 57 ff.
witziger 57
Gegenposition 74
Gehirnhälfte, rechte 13
Gelassenheit 142
Genervtheit überspielen 87
Gesprächsfallen 116
Gesprächspartner steuern 96

H

Haltung 16 ff., 20
innere 16, 19 ff., 55, 142
Hauptwort-Monster 136
Hinterfragen, sich selbst 82
Hintergedanken 67
Humor 17, 76 f., 136, 140

I

Image 8, 120, 123
Imponieren 82
Intelligent fragen 93

K

Kernproblem herausarbeiten 125
Kommentare, störende 137
Kommunikation 19 f., 86, 93, 120, 125, 136
nonverbale 19, 87, 128
Kommunikationsfähigkeit 14, 115
Kommunikationsmuster
männliche 116
weibliche 115
Kommunikative Fähigkeiten 15
Konfliktbereinigung, vierstufige Methode 88
Konfrontationen vermeiden 85
Kontern 16, 56, 73, 86, 106, 126, 143
Kontrolle behalten 93
Körperhaltung 18, 20 f., 121, 128
Körpersprache 19, 21, 120
selbstbewusste 20
Kritik 27, 47, 51 f., 61, 70
- entkräften 52
- indirekte 66

- reagieren auf 60, 117
Kurzzeitgedächtnis 13

L

Lächeln 27, 121, 128
Lampenfieber 132 f.

M

Männersprache 13
Männerwitze 75
Meeting 56, 59, 72, 97, 102, 115, 126-129
Meinung der anderen 17
Mensch, idealer 38
Messlatte, innere 132
Missverständnisse, absichtliche 76
Mobbing 87, 142
Motivationsfragen 99 f.
Motivieren mit Lob 99
Mundfaul 79
Musterantworten für Zwischenrufe 139

N

Namen 38, 84, 108, 121 ff.
Nervosität 128, 132 f.
Nonsens macht Sinn 48

O

Offensichtliches ins Gegenteil verkehren 80
Opferrolle 30, 65 f.

P

Paradoxon-Technik 90
Persönlich nehmen 51, 116 ff., 125, 142
Persönlichkeit 18, 21, 140
Positiv programmieren 21
Präsentation 44, 97, 126, 128, 131 f., 135, 138

R

Rechtfertigung 55, 73, 107, 125
Rechtfertigungsdruck 108
Rechtfertigungsschiene 52
Retourkutsche mit Aussage und Frage 110
Rhetorik-Seminar 133
Rhetorische Basiskünste 93
Richtig stellen 106 f.
Rückfragen 102, 105 f., 128
Rückfragetechnik 103

S

Schattendasein 27
Schlagfertig
ohne „Wenn" und „Aber" 74
reagieren 57
Schlagfertigkeit
Grundprinzipien 45
Meistertechniken 76
Spielerisch einüben 44
Schutzschild, innerer 118, 142
Schwachen Sprüchen cool begegnen 51, 61
Seele 37
Selbstbewusst handeln 115
Selbstbewusstsein 16 ff., 34, 115, 133
Selbstdarstellung 124

Selbsteinschätzung 31
Selbstironie 137
Selbstwertgefühl 8, 20, 30 f., 69, 73, 78
Selbstwertkreis 31 f.
Sicher reden 115
Signale, körpersprachliche 19 f., 34, 56, 120, 128
SimulGAN trainieren 43
SimulGAN-Technik 41 ff.
Situation
absurde 45, 47
erkennen 35
Souveränität 57, 131, 142
Spiegel vorhalten 82, 119
Sportarten 18
Sprache
männliche 15
weibliche 15
Sprachgefühl 41
Sprachgewohnheiten 16
Sprechtempo 43 f.
Standardrückfragen 106
Steuerungsversuch 99
Stil, persönlicher 19
Störenfried 138
Streitgespräch 106
Suggestivfragen 100 ff.
Szenario, absurdes 59

T

Tarnen hinter Fremdaussagen 90
Teamplayer mit Witz 139
Telefon, überzeugen am 120
Telefonat 120

Register

Telefonieren mit Erfolg 121
Tempo machen 45
Ton, verbindlicher 130

U

Überleitung, sprachliche 130
Überraschungsmoment 54
Übertreibung 76
Überzeugen mit Alternativfragen 98
Umgang mit direkten Angriffen 88
Umgangssprache 134
Unmut vermeiden 140
Unsicherheitsfloskeln 121
Unsinn 47, 58, 76, 138
Unsympathen 71, 81
Unterbewusstsein 20
Unterstellung 57, 93, 96 f., 102, 107
absurde 57, 111
Unterstellungsfrage 93 f., 103, 107, 110
negative 94 f.
positive 94 f.
Unterwürfigkeit 18
Unterwürfigkeitsgesten 128
Unübersehbar werden 128

V

Verbalangriff 30
Verbalattacke 35, 85
Vergleich
schlimmerer 63
negativer 78 f.
Verhandlungen 35, 102
Versöhnlichkeit 86

Versprecher 136 f.
Verteidigen lassen, vom Angreifer 104
Verteidigungsdruck 110
Verteidigungsreflex 110
Verzichten, auf sein Recht 86 f.
Vorteil, absurder 71
Vortrag 128, 132, 134 ff., 138 f.
Vorwürfe
schlaue Antworten 68 f.
versteckte 65

W

Warum-Fragen 73
Weichmacher 136
Weil: strickt verboten 73
Widerspruchsformulierungen 18
Witz 7 f., 13, 22, 33, 48, 54, 75, 77 f., 81, 139 f., 142 f.
Witzfertigkeit 22 f., 36, 76, 80, 143
Worthülsen 136
Wortschatz 42-45, 74
Wortverdreher mit Witz 77

Z

Zuhören 13, 117, 130
gutes 14, 123 f.
Zurücknehmen, sich 27, 67, 83
Zusammenarbeit im Büro 139 f.
Zustimmung
Macht der 53
übertriebene 60 f., 63, 111
Zustimmungseffekt 101
Zwischenrufe, Musterantworten 139

Über den Autor

Matthias Pöhm, früher Software-Ingenieur in Genf und gewählter Personalvertreter, hatte ein persönliches Schlüsselerlebnis. Er versagte vollkommen bei einer spontanen Rede vor der kompletten Mitarbeiterschaft. Knallrot, mit bebender Stimme und schweißnassen Händen geriet er völlig aus dem Konzept. Das war der Auslöser für ihn, Rhetorik und Schlagfertigkeit nicht nur zu trainieren, sondern auch zu perfektionieren.

Mittlerweile ist Matthias Pöhm „der beste Rhetoriktrainer im deutschsprachigen Raum" (Nordwest Zeitung). Er bewies sein Können als Moderator und Profisprecher und gründete schließlich die *Pöhm Seminarfactory*. Er coacht heute Spitzenleute aus Politik und Wirtschaft für ihre öffentlichen Auftritte. Im mvgVerlag veröffentlichte er *NonPlusUltra der Schlagfertigkeit* und seinen Bestseller *Nicht auf den Mund gefallen*.

So gewinnen Sie jedes Wortgefecht!

In Beruf und Privatleben gibt es immer wieder Situationen, in denen eine schnelle, geistreiche Erwiderung erforderlich ist. Diese Wortgewandtheit kann jeder trainieren.

Matthias Pöhm hat schlagfertige Menschen analysiert und stellt in diesem Buch ein allgemeingültiges Schema vor, dass vielen schlagfertigen Antworten zugrunde liegt. Nutzen Sie dieses Wissen und lernen Sie die Regeln der Schlagfertigkeit kennen.

240 Seiten, gebundene Ausgabe
ISBN 3-478-72960-2

Bestellung per
Tel: 0 81 91-9 70 00-3 06
Fax: 0 81 91-9 70 00-5 60
E-Mail: bestellung@mvg-verlag.de
www.mvg-verlag.de

**So setzen Sie Ihren
Gegner schachmatt!**

„Meine Mutter hat mir Sprechen beigebracht, Matthias Pöhm hat mich sprachlich Fliegen gelehrt!" – so ein Seminarteilnehmer. Dieses Buch vereinigt die besten Tipps, Techniken und Strategien, die je zum Thema Schlagfertigkeit entwickelt wurden. Matthias Pöhm, Deutschlands Schlagfertigkeitstrainer Nr. 1, zeigt Ihnen anschaulich, wie Sie auf Verbalattacken witzig reagieren, geschickt ausweichen oder mit einem Gegenangriff kontern können. Und Sie werden sehen: „Es klappt!".

208 Seiten, gebundene Ausgabe
ISBN 3-636-06107-0

Bestellung per
Tel: 0 81 91-9 70 00-3 06
Fax: 0 81 91-9 70 00-5 60
E-Mail: bestellung@mvg-verlag.de
www.mvg-verlag.de